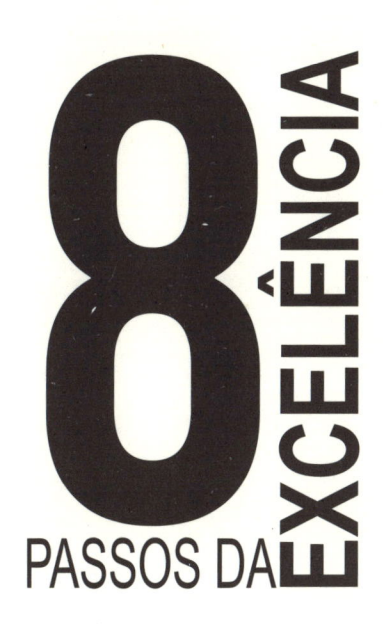

8 PASSOS DA EXCELÊNCIA

RAIMUNDO GODOY
FELIPE PIRES
NATÁLIA GODOY

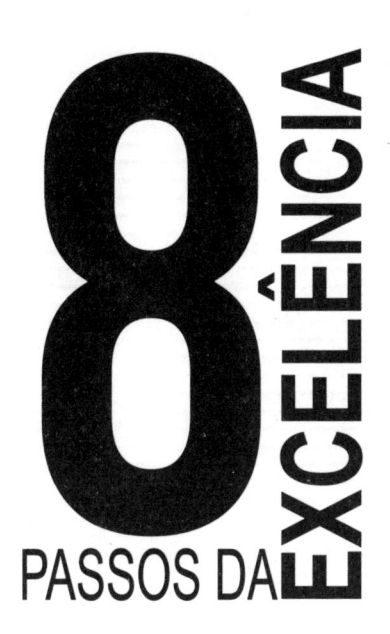

8 PASSOS DA EXCELÊNCIA

UM GUIA PRÁTICO DE COMO LEVAR
A SUA ORGANIZAÇÃO PARA UM NOVO
PATAMAR DE RESULTADOS

1ª EDIÇÃO

AQUILA
ESCOLA DE GESTÃO
2020

Copyright © Escola de Gestão Aquila

- Autores: Raimundo Godoy, Felipe Pires, Natália Godoy
- Preparação de Textos: Juliana Sousa
- Revisão: Natália Godoy e Carlos Bottrel
- Projeto gráfico e diagramação: Oriádina Panicali
- Capa: Rodrigo Portugal
- Fotos autores: Manuela Leão

Catalogação na Publicação (CIP)

G589 Godoy, Raimundo, 1953-
8 passos da excelência : um guia prático de como levar sua organização para um novo patamar de resultados / Raimundo Godoy ; Felipe Pires ; Natalia Godoy. - Belo Horizonte : Escola de Gestão Aquila, 2022.
152 p. : il. p&b

ISBN 978-65-990007-0-6

1. Administração de empresas 2. Negócios I. Pires, Felipe, 1982- II. Godoy, Natalia, 1985- III. Título

CDD: 658.4

Bibliotecária responsável: Cleide A. Fernandes CRB6/2334

Julho de 2022

Este livro não pode ser reproduzido, no todo ou em partes, sem a prévia autorização dos autores

Escola de Gestão Aquila
www.aquila.com.br
escoladegestao@aquila.com.br

SUMÁRIO

PREFÁCIO	8
AGRADECIMENTOS	10
INTRODUÇÃO	12

Passo 1

AMBIÇÃO	15
1.1 Por que as estratégias falham?	18
1.2 Reflexão do passado	23
1.3 Reflexão do presente	31
1.4 Construção do futuro	32

Passo 2

GOVERNANÇA	37
2.1 Estruturação da Governança	38
2.2 Estratégia construída x Estratégia recebida	40
2.3 O papel do líder	42

Passo 3

EVIDÊNCIAS	45
3.1 Entendimento do sistema e da cadeia de valor	46
3.1.1 Análise dos Stakeholders	47
3.1.2 Análise da cadeia de valor e diferenciais	55
3.1.3 A força da marca	58
3.2 Análise do mercado	59

3.3 Vantagens competitivas — 63
3.3.1 Inovação — 64
3.4 Rumo ao Passo 4 — 67

Passo 4

PRODUTIVIDADE — 69

4.1 Plano de voo estratégico — 70
4.2 Iniciativas estratégicas — 71
4.3 Matriz de correlação — 72
4.3.1 Correlação Iniciativas Estratégicas X Processos de Negócio — 73
4.3.2 Correlação Iniciativas Estratégicas X Processos Financeiros — 74
4.3.3 Correlação Iniciativas Estratégicas X Projetos em andamento — 74
4.4 Projetos estruturais — 75
4.5 Book de Metas — 77
4.5.1 Tipos de metas — 77
4.5.2 Implementando o Book — 78

Passo 5

QUALIDADE TÉCNICA — 81

5.1 Maturidade de Gestão — 83
5.1.1 Diagnóstico de Maturidade de Gestão — 85
5.2 Fator de Competitividade — 88
5.3 Análise de Desempenho — 90
5.4 *Startups* Operacionais — 92
5.4.1 Liderança — 93
5.4.2 Conhecimento — 94
5.4.3 Método — 94

Passo 6

DISCIPLINA	97
6.1 Desdobrando o Plano de Ação	98
6.1.1 Treinamento	101
6.2 Sistemas de Informação como suporte à implementação da estratégia	102
6.3 Rituais de Gestão	103

Passo 7

RETORNO	107
7.1 Investimentos	108
7.2 Impactos no DRE	109
7.3 Resultados Qualitativos	111

Passo 8

TRANSPARÊNCIA	113
8.1 Compliance	114
8.2 Comunicação	116

Exemplos de Aplicação Prática

	119
Case Cervejaria Artesanal	120
Case Empresa de Óleo e Gás	134

CONCLUSÃO	142
BIBLIOGRAFIA	144
PUBLICAÇÕES AQUILA	146

PREFÁCIO

Em um mundo que se torna cada dia mais globalizado, o que é necessário para a construção de uma empresa ou organização sólida, com um futuro sustentável e competitivo? Esta é a questão que se responde com as ações preconizadas em oito passos apresentados neste texto.

Com uma visão e uma abordagem eminentemente práticas, os autores mostram que a trajetória para a excelência se inicia com uma ambição, apoiada em uma organização forte, com definição das responsabilidades de todos os envolvidos. Segue-se a elaboração de um planejamento estratégico com base nos cenários interno e externo. Os resultados a obter terão como pilares a qualidade técnica da equipe, a produtividade e a disciplina na entrega do que se planejou. O ciclo se completa com a análise do retorno das iniciativas e transparência no cumprimento das regras da organização.

Os conceitos objetivos aqui desenvolvidos refletem a grande experiência em gestão dos autores Raimundo Godoy e Felipe Pires, que têm contribuído para a obtenção de resultados extraordinários em centenas de empresas e organizações brasileiras e de outros países. Natália Godoy, a presença jovem na preparação do texto, caminha a passos largos, seguindo as pegadas do pai, para alcançar a maturidade como consultora.

Empresários e gestores encontrarão neste livro reflexões, conceitos e análises que os ajudarão na permanente tarefa de melhorar os resultados de suas empresas na busca da excelência.

Votos de proveitosa leitura!

Nova Lima, fevereiro de 2020.
Carlos Bottrel Coutinho

AGRADECIMENTO

Caminhamos a passos largos e firmes, construindo degraus sólidos, confiantes de que traçamos, assim, o melhor caminho para alcançarmos a realização de todos os nossos sonhos e projetos e, por fim, o sucesso!

Não se constrói nada sozinho, nenhum caminho é solitário.

Agradecemos aos clientes que dedicaram seus recursos nos nossos projetos e nos proporcionaram uma enorme bagagem para aplicar as teses descritas neste livro.

A todos os consultores que contribuíram para a realização desta obra, em especial ao Roberto Heleno e Rogério Nacif, pela revisão do livro e sugestões de melhorias. Ao Augusto Massa, Felipe Antunes, Fernanda Dreon, Renato Lamarca, Rodrigo Bastos e Thiago Brandão, pela elaboração dos cases, exemplos de aplicação da metodologia.

A contribuição de cada um nos muniu de forças para continuarmos e somos muito gratos por isso.

Para darmos vida ao inovador "8 Passos", nos unimos com nossas convicções e diferenças, mas certos de estarmos dando o melhor de nós e de nossas experiências . Foram horas, dias e meses de muita discussão, concentração, estudos e extrema dedicação. A cada crítica ou sugestão, nossa inspiração crescia, assim como a vontade de fazermos algo diferente.

À Escola de Gestão Aquila e ao Paulo Coimbra, por todo o apoio, empenho e suporte técnico, para a concretização de nossos objetivos.

Agradecemos a Deus e a nossas famílias, nossa base e sustentação nos momentos de maiores dificuldades e a razão de nossas maiores alegrias.

Enfim, agradecemos ao Aquila e a todos que fazem parte dele, por inspirar-nos sempre para os próximos passos!

DEDICATÓRIA

RAIMUNDO GODOY
Dedico este livro à minha esposa, Fantine Márcia, às minhas filhas, Natália, Gabriela, Fantine e Bárbara, aos meus genros, Henrique, Rafael e Eduardo e aos meus netos, Manuela, Raimundo e Gustavo. Depois de cada viagem, jornada ou dia intenso de trabalho, voltar pra casa, para o aconchego do meu lar e para o abraço dos meus amados é o que me fortalece e me faz querer seguir, dar mais um passo e fazer sempre melhor do que fiz!

FELIPE PIRES
Dedico este livro à minha amada esposa Tetê, ao meu abençoado filho João Lucas, aos meus queridos pais, Ronald e Édila e aos meus anjos irmãos, Lud e Rafa. Obrigado pelo carinho e amor de sempre!

NATÁLIA GODOY
Dedico este livro aos meus filhos, Manuela e Gustavo, amor mais sublime, meu sonho realizado, o melhor presente de Deus em minha vida. Ao Henrique, meu companheiro de caminhada e sonhos, melhor amigo e maior incentivador. Aos meus amados pais, minhas raízes, asas e inspiração. E às minhas irmãs, Gabi, Fanti e Nena, meu abrigo e minha alma. Amo vocês!

INTRODUÇÃO

"Para quem não sabe aonde quer chegar, qualquer caminho serve", afirmou o personagem gato risonho para a protagonista de Alice no país das maravilhas, obra clássica de Lewis Carrol, publi-cada em 1865.

Essa fala traz à tona a clareza de uma ambição, que, aliada à capacidade de realização, pode se tornar um sonho real. Ou seja, trazer o futuro para o presente.

Podemos afirmar que toda organização deseja executar uma Gestão de Excelência. Projetar um cenário ideal e percorrer o caminho necessário para chegar lá, mantendo e melhorando resultados, é a grande finalidade empresarial.

Para trilhar esse caminho, elaboramos uma metodologia que contempla um planejamento estratégico organizacional rumo a uma gestão voltada para resultados. A partir desse planejamento estratégico, um futuro sustentável e competitivo é construído, em busca dos objetivos do negócio e utilizando o alinhamento de metas.

A intenção é apresentar, com base na nossa vivência, as principais ações a serem realizadas pela empresa nesse percurso. Trata-se da metodologia dos 8 Passos para a Excelência.

No decorrer do livro, você acompanhará cada passo e compreenderá como eles se encadeiam de forma alinhada, com a participação de gestores e colaboradores dos diferentes níveis hierárquicos da organização, visando alcançar resultados superiores.

No passo 1, Ambição, a empresa dedica seus esforços para o principal combustível dessa jornada: a definição do seu sonho, aonde quer chegar. Com essas respostas definidas, são priorizadas as iniciativas estratégicas que sustentam essa projeção.

O segundo passo é a Governança. A empresa deve estar bem

organizada, para que todos compreendam suas responsabilidades durante a definição e a implementação das estratégias.

Para que o planejamento estratégico seja factível, é fundamental que se colham Evidências, ou seja, que se comprovem, para fazer o sonho acontecer, as condições do cenário interno e externo à organização.

A Produtividade é o passo 4. Ela prioriza o foco e a entrega dos trabalhos. É nesse momento que são elaborados os projetos estruturais e os books de metas.

O quinto passo provoca a reflexão: nosso time é capaz? A Qualidade Técnica avalia a maturidade de gestão da equipe e o seu conhecimento técnico. Como as pessoas podem agregar valor ao negócio?

O sexto passo, a Disciplina, é importante para garantir a entrega do que foi planejado. Esse estágio é fortemente marcado pelos rituais formais de gestão. É por meio deles que a organização monitora o que está sendo construído no percurso rumo à Excelência.

O Retorno das iniciativas é o sétimo passo. Nesse momento, identifica-se o impacto financeiro de cada iniciativa e a sua contribuição para o alcance da Ambição.

Finalizando a jornada em direção à Excelência, a Transparência chega como o oitavo e último passo. É a hora de garantir o cumprimento das regras de compliance da organização e comunicar efetivamente a estratégia para todos os envolvidos.

Nossa Ambição é gerar resultados extraordinários e transformar organizações e o seu papel no mundo. Esse é o nosso caminho.

Pronto para dar o primeiro passo?

PASSO 1
AMBIÇÃO
AONDE QUEREMOS CHEGAR?

O mundo é movido pelas ambições, pelos sonhos e por uma visão de futuro. Precisamos nos perguntar sempre onde estamos, como estamos e aonde queremos chegar. Com as organizações, não é diferente. Empresas são feitas de pessoas e elas vivem de sonhos e realizações nunca antes alcançadas. Estão aqui para voar alto!

Erroneamente vinculada à cobiça ou ao poder, a ambição é compreendida no nosso contexto como um desejo profundo de alcançar objetivos e de obter sucesso em nossas vidas. Ser ambicioso é desenvolver talentos e lutar de forma contínua para buscar o desenvolvimento e ampliar as forças. Empresas, assim como as pessoas, não podem ficar paradas. Devem buscar continuamente realizações importantes, para que, ao final de um exercício, possam olhar para trás e comemorar: alcançamos o que foi planejado!

Um bom início para definir a ambição é visitar o passado, nossa fonte de conhecimento mais relevante, e nos perguntar: *Nos últimos 5 anos, quais foram as nossas realizações? Como foram alcançadas? Quais e quantos erros cometemos?* Recomendamos buscar responder o que poderia ser feito diferente, se voltássemos no tempo.

A ambição precisa ser materializada em valores financeiros: *Quanto minha empresa deseja faturar no futuro? Qual será o meu tamanho?* Ela deve ser palpável, materializável, provocar a imaginação e desafiar as pessoas. É exatamente isso que as empresas excelentes fazem: desafiam todos a todo momento. São pessoas, processos e tecnologias fora da zona de conforto!

Assim, a ambição de qualquer empresa é alcançar a excelência. Esse é o nosso grande desafio. Para isso, precisamos construir um caminho alinhado a esse propósito e que passe por uma metodologia para a elaboração de um bom planejamento estratégico.

Quem não planeja e não cria suas próprias estratégias será planejado nas estratégias dos outros. Tomemos como exemplo um gestor de marketing de uma empresa que, ano após ano, procrastina o desenvolvimento de novas estratégias de penetração no mercado e de aumento da base de clientes. Em algum momento, a área comercial, por motivos óbvios, planejará as estratégias de marketing em contrapartida à inércia da área que deveria fazê-lo. Se bem-sucedida, passará a ditar as regras e o planejamento de marketing da empresa.

Qualquer que seja o modelo de planejamento estratégico, a base que o sustenta é "qualidade total", que significa entregar o melhor serviço ou produto ao menor custo.

> "*A qualidade é a nossa melhor garantia da fidelidade do cliente, a nossa mais forte defesa contra a competição e o único caminho para o crescimento e para os lucros!*"
>
> **Jack Welch,** ex-presidente da General Eletric

1.1 Por que as estratégias falham?

É comum empresas realizarem o planejamento estratégico e ele não gerar os efeitos esperados. Identificamos diferentes causas para essa realidade:

- os objetivos não são traduzidos em projetos e metas,
- as responsabilidades não são claras,
- as metas não são desdobradas,
- os executores não estão envolvidos,
- os executivos não abraçam o plano ou o plano de incentivos não está alinhado às metas,

dentre outras razões.

Vários livros e artigos ensinam a formular e a sistematizar estratégias. Não pretendemos ensinar a desenvolvê-las, mas provocar uma reflexão sobre como as organizações as têm formulado e se, de fato, elas estão sendo traduzidas em resultados. Nosso objetivo é oferecer um caminho seguro para que as estratégias saiam do papel e permitam às organizações dar um salto em seus resultados.

Algumas estatísticas são importantes para que tal reflexão seja mais assertiva.

De acordo com Kaplan e Norton (2008), em livro publicado pela *Harvard Business Review Press*, 90% das estratégias falham em função da baixa implementação:

90%	das estratégias falham em função da baixa implementação
63%	das pessoas não sabem onde as empresas querem chegar e porquê
Somente **5%**	dos funcionários entendem o seu papel na estratégia da empresa
Somente **3%**	dos executivos acreditam no sucesso das estratégias da empresa

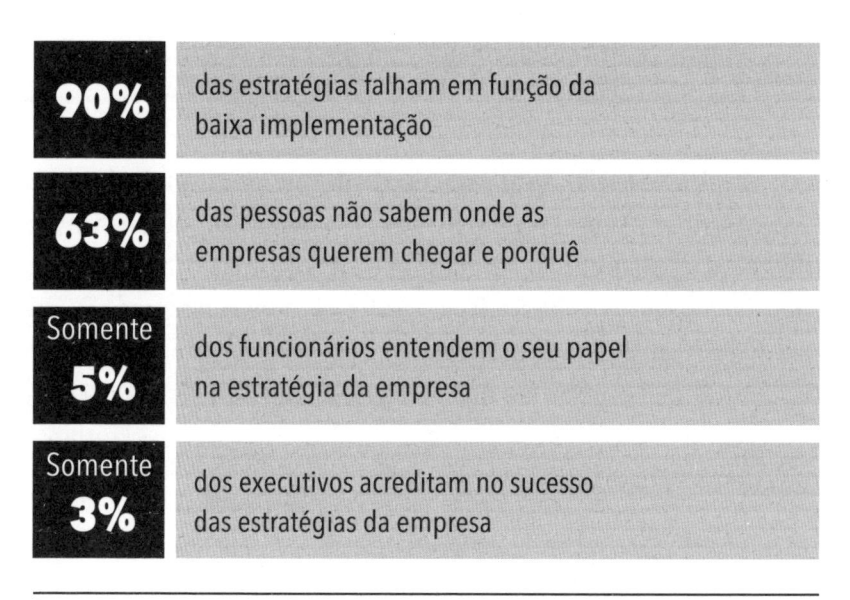

Figura 01: Estatística *Harvard Business Review*

Além disso, segundo (Homkes, Sull e Sull 2015), em artigo na *Harvard Business Review*, o que motiva essa baixa implementação é a difusão e a aceitação de crenças tidas como verdades absolutas, mas que merecem ressalvas. São elas:

1 - A execução equivale ao alinhamento;
2 - Execução significa seguir estritamente o plano;
3 - Comunicação equivale a compreensão;
4 - Uma cultura de desempenho impulsiona a execução;
5 - A execução deve ser conduzida a partir do topo.

Vamos compreender cada uma dessas crenças:

1- **A execução equivale ao alinhamento:** a maioria das empresas possui processos eficazes para traduzir as suas estratégias em objetivos, distribui-los verticalmente e recompensar o desempenho. *Mas, então, por que as estratégias não estão sendo executadas?* Apesar de haver essa distribuição em cascata, ou seja, vertical, o problema está na coordenação entre as áreas, ou seja, na deficiência das organizações para gerir os compromissos de desempenho horizontal, conforme descrito no artigo:

> "Quando os gestores não podem contar com colegas em outras áreas e unidades, compensam isso com uma série de comportamentos disfuncionais que minam a execução: duplicam esforços, deixam escapar promessas para clientes, atrasam sua produção ou perdem oportunidades atraentes. A falta de coordenação também leva a conflitos entre áreas e unidades, conflitos que são mal enfrentados em dois terços dos casos — eles demoram um tempo significativo para ser resolvidos (em 38% dos casos), são resolvidos rapidamente, mas mal (14%), ou simplesmente não são resolvidos (12%)" (Homkes, Sull e Sull, 2015).

De forma a mitigar essa primeira crença, nossa metodologia garante que haja a coordenação entre as áreas por meio do mapeamento e do entendimento de toda a cadeia de valor da empresa (tema abordado no Passo 3 – Evidências), o que corrobora o que é demonstrado no estudo de que 50% dos gestores querem maior estruturação dos processos para coordenar atividades entre as unidades.

Além disso, também nos preocupamos com a medição do desempenho horizontal por meio das metas de influência, as quais serão detalhadas no Passo 4 - Produtividade.

2 - **Execução significa seguir estritamente o plano:** grande parte dos executivos considera que os desvios na hora de implementar a estratégia minam a execução. No entanto, é preciso, na verdade, adaptar o plano estratégico à realidade do momento, a qual pode apresentar problemas e obstáculos imprevistos, mudanças das circunstâncias de mercado e oportunidades fugazes. Para isso, as empresas precisam ser ágeis, mas sem perder de vista os limites estratégicos.

A seguir, algumas estatísticas citadas no artigo.

"- 29% das organizações reagem lentamente às mudanças, pois não conseguem capturar oportunidades fugazes ou mitigar novas ameaças.
- 24% das organizações reagem rapidamente, mas perdem de vista a estratégia" (Homkes, Sull e Sull, 2015).

No livro *Formação de Gestores: criando as bases de gestão*, Godoy e Bessas (2018, p. 104) deixam claro que o importante é garantir um plano tático forte:

> "De fato, os problemas são dinâmicos e isso deve ser considerado na fase de execução. Por essa razão, o planejamento precisa estar bem feito, para que seja possível revisitar as análises realizadas e repriorizar conforme a nova situação, ou mesmo criar outras ações para enfrentar os novos desafios emergentes ou já instalados. É prudente e recomendável a existência de um Plano B que substitua o original em caso de sua falência."

Implementar estratégias é mais importante do que formulá-las. Um bom plano tático é capaz de corrigir uma estratégia errada, já uma estratégia bem feita não garante a implementação de um plano tático.

3 - **Comunicação equivale a compreensão**: o problema não está na quantidade de vezes que a estratégia é comunicada, mas sim no conteúdo e na falta de clareza do que é transmitido.

"- 90% dos gestores acreditam que os altos líderes comunicam a estratégia com uma frequência suficiente.
- Somente 55% dos gestores conseguem citar pelo menos uma das 5 prioridades principais de suas empresas" (Homkes, Sull e Sull, 2015).

O Passo 8 - Transparência abordará a forma como a estratégia, sua implementação e os books de metas devem ser comunicados com qualidade e eficácia.

4 - **Uma cultura de desempenho impulsiona a execução**: uma ênfase excessiva no desempenho pode fazer com que os gestores assumam compromissos conservadores e fáceis, provocando o não alcance dos resultados almejados na estratégia. É preciso reconhecer aspectos para além das metas, como agilidade, ambição e trabalho em equipe.

Como veremos no Passo 4, o book de metas combate essa crença quando contempla todos os tipos de metas e não apenas as financeiras.

5 - **A execução deve ser conduzida a partir do topo**: execução eficaz é aquela decorrente de decisões e planejamento, envolvendo todos os níveis hierárquicos do negócio. A concentração de poder nos altos executivos pode aumentar o desempenho a curto prazo, mas degrada a perenidade da empresa, ou seja, a sua capacidade de executar a longo prazo.

Não podemos concentrar na liderança a execução de todas as ações do plano tático. No entanto, como falaremos de forma mais aprofundada no próximo capítulo, a liderança precisa conduzir e facilitar todo o processo de implementação das estratégias, mas sem impor a sua visão.

Nesse sentido, o livro *Formação de Gestores: criando as bases de gestão* enfatiza que é papel dos líderes assegurar como fazer (habilidade) e motivar a equipe para querer fazer. O líder é quem primeiro precisa acreditar na mudança e estar totalmente comprometido com ela.

1.2 Reflexão do passado

O exercício de construção de um plano estratégico se inicia pela reflexão do passado. Como a maioria deles nasce de um negócio em andamento, é preciso olhar para o retrovisor e analisar os erros e os acertos.

A reflexão do passado visa gerar aprendizado e evitar a repetição de erros. No plano estratégico em construção, falhas podem surgir, mas devemos estar atentos para cometer apenas erros inéditos e zerar a repetição de erros velhos. Ao ousar, crescer, expandir e inovar, muitas vezes falhamos, mas o que importa é aprender com isso. O hábito dessa atenção, quando desenhamos um objetivo, contribui para o acerto.

E, para realização dessa reflexão, utilizamos três análises, quais sejam, análise das metas do ciclo anterior; análise dos desvios agregados e desagregados e análise das causas dos desvios. A seguir, iremos detalhar cada uma delas.

1.2.1 Metas do Ciclo Estratégico

Passado x Resultados Alcançados

Um bom início para a reflexão do passado é resgatar as metas traçadas no último ciclo de planejamento estratégico e avaliar os resultados. Empresas que trabalham alinhadas, distribuindo bem as responsabilidades das metas e dos projetos que nascem do plano estratégico, refletem sobre o passado mensalmente, em todos os níveis da estrutura, nos chamados Rituais de Gestão (Passo 6 - Disciplina).

É nesse momento que se discute o que foi planejado, o nível de execução, quais resultados foram obtidos e quais são as ações para o próximo período.

Muitas organizações traçam seu plano estratégico e o revisitam somente no final do ano seguinte. Elas se surpreendem ao perceber que quase nada avançou. Mas, na verdade, não poderíamos esperar algo diferente.

Na vivência de elaboração de planos estratégicos para clientes de diversos segmentos, em mais de 19 países, já vimos muito desperdício de dinheiro por má utilização dessa poderosa iniciativa de gestão. Os desperdícios contemplam gastos com viagens, hospedagens, palestrantes, agenda dos executivos, projetos paralisados, projetos sem impacto nos resultados ou planos abandonados, entre outros.

Abaixo, listamos alguns exemplos do que já encontramos nessa jornada:

> **1** - "Negócios que alcançam a ambição estipulada, mas experimentam prejuízo;
> **2** - Empresas que nunca fizeram um plano estratégico;
> **3** - Organizações que estampam nas paredes um mapa estratégico que ninguém sabe explicar de onde veio e nem para quê serve;

4 - Empresas que realizam um workshop em um final de semana, promovem debates e voltam com ideias maravilhosas, mas que não saem do papel;

5 - Organizações que apresentam para todos os colaboradores entrantes o plano estratégico, mas não conseguem comunicar o papel de cada um para alcançá-lo;

6 - Gestores que acreditam que apenas realizar a Análise SWOT[1] é fazer planejamento estratégico.

7 - Organizações com carteiras enormes de projetos de toda natureza em andamento, mas que não se relacionam com os respectivos planos estratégicos;

8 - Companhias cujos planos de incentivo não estimulam a busca pelos objetivos estratégicos;

9 - Empresas que traçam planos de 5 anos, mas que não o seguem e acabam, a cada exercício, elaborando um novo. Com isso, elas acabam se distanciando, a cada ano, da meta estabelecida no plano inicial.

Relacionando os 9 erros citados acima com a metodologia dos 8 Passos, identificamos a seguir as causas de cada uma dessas 9 falhas.

1 - "Negócios que alcançam a ambição estipulada, mas experimentam prejuízo;
• **Falha no Passo 1 – Ambição:** métrica para a Ambição mal definida ou metas não alinhadas nos diferentes níveis da organização.

2 - Empresas que nunca fizeram um plano estratégico;
• **Falha no Passo 1 – Ambição:** excesso de problemas na rotina que não permitem aos executivos e líderes chave olhar para além das montanhas.

---

1 Do inglês *Strenghts, Weaknesses, Opportunities and Threats*.
  Em português: Forças, Fraquezas, Oportunidades e Ameaças.

3 - Organizações que estampam nas paredes um mapa estratégico que ninguém sabe explicar de onde veio e nem para quê serve;
- **Falha no Passo 2 – Governança**: plano estratégico construído sem envolvimento dos diferentes níveis da organização e/ou
- **Falha no Passo 4 – Produtividade:** metas estratégicas não alinhadas nos diferentes níveis da organização ou metas estratégicas não comunicadas de forma efetiva.

4) Empresas que realizam um *workshop* em um final de semana, promovem debates e voltam com ideias maravilhosas, mas que não saem do papel;
- **Falha no Passo 4 – Produtividade**: inexistência de metas consistentes e de planos de ação e/ou
- **Falha no Passo 6 – Disciplina:** falta de rituais de gestão para acompanhamento e tratamento dos desvios.

5) Organizações que apresentam para todos os colaboradores entrantes o plano estratégico, mas não conseguem comunicar o papel de cada um para alcançá-lo;
- **Falha no Passo 4 – Produtividade:** metas estratégicas não alinhadas nos diferentes níveis da organização.

6) Gestores que acreditam que apenas realizar a Análise SWOT é fazer planejamento estratégico.
- **Falha no Passo 4 - Produtividade:** A Análise SWOT é apenas uma ferramenta de verificação do ambiente interno e externo da organização. A partir dela, é preciso construir iniciativas estratégicas para capturar as oportunidades e combater as ameaças.

7) Organizações com carteiras enormes de projetos de toda natureza em andamento, mas que não se relacionam com os respectivos planos estratégicos;

• **Falha no Passo 4** - **Produtividade**: análise de correlação entre iniciativas estratégicas e projetos em andamento não realizada ou gestão de projetos desconectada da estratégia.

8) Companhias cujos planos de incentivo não estimulam a busca pelos objetivos estratégicos;
• **Falha no Passo 5** – **Qualidade Técnica:** planos de meritocracia e incentivos desvinculados do planejamento estratégico.

9) Empresas que traçam planos de 5 anos, mas que não o seguem e acabam, a cada exercício, elaborando um novo. Com isso, elas acabam se distanciando, a cada ano, da meta estabelecida no plano inicial
• **Falha no Passo 6 - Disciplina:** metas estabelecidas não são acompanhadas nos rituais.

A metodologia dos 8 Passos combate cada uma dessas falhas. Oferece um caminho seguro para que o planejamento contemple todos os pontos necessários e saia do papel trazendo os resultados esperados.

1.2.2 Análise dos desvios agregados e desagregados

Ao analisar o desempenho geral da organização, de um departamento ou de um indicador, temos uma visão ampla dos resultados alcançados, mas muitas vezes estes mascaram oportunidades ou desvios no desempenho. Resultados positivos de uma área compensam os negativos de outras e, ao observar o consolidado, essas irregularidades não são tratadas. Por esse motivo, é recomendado que se faça o que chamamos de análise de desvios agregados e desagregados, como mostrado na figura 02, na qual é possível verificar, com clareza, quais filiais estão impactando negativamente no *share* (barras na cor cinza).

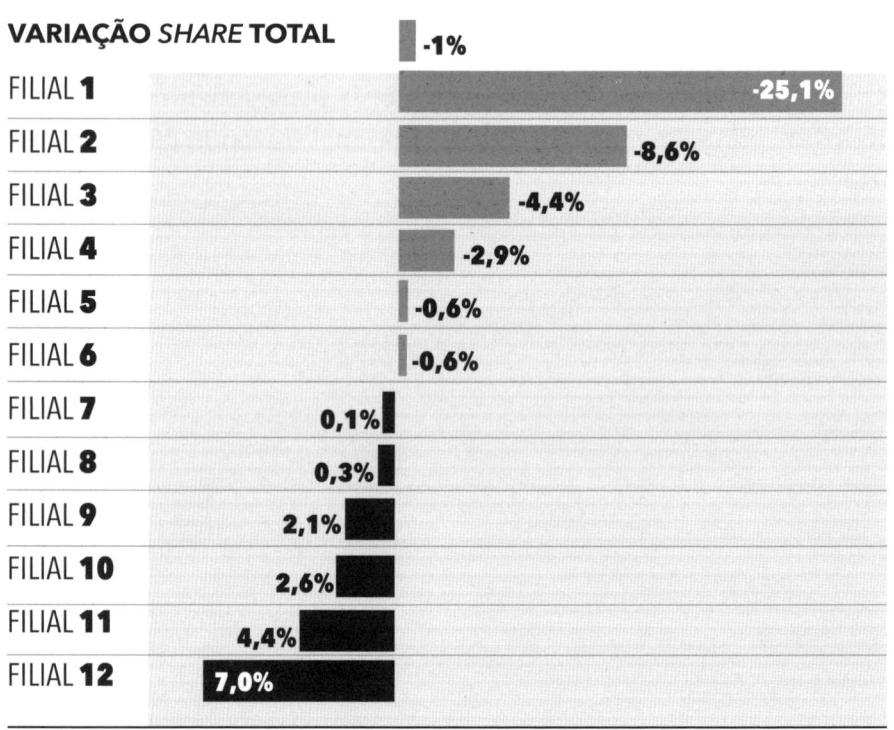

VARIAÇÃO *SHARE* TOTAL	
	-1%
FILIAL 1	-25,1%
FILIAL 2	-8,6%
FILIAL 3	-4,4%
FILIAL 4	-2,9%
FILIAL 5	-0,6%
FILIAL 6	-0,6%
FILIAL 7	0,1%
FILIAL 8	0,3%
FILIAL 9	2,1%
FILIAL 10	2,6%
FILIAL 11	4,4%
FILIAL 12	7,0%

Figura 02: Exemplo de Análise Desvios Desagregados Variação de *Market Share* por filial

Além do gráfico de desvios desagregados, outra forma de estratificar o resultado, para analisar onde estão as oportunidades e problemas de uma organização, área e/ou indicador, é por meio do diagrama de árvore.

No diagrama de árvore, conseguimos quebrar em diferentes galhos cada tipo distinto de problema. Veja o exemplo da figura 03 abaixo: para analisar o "Status de prazo de assinatura de contratos" podemos fazer diversas estratificações (cada uma é um galho) e tratar de forma diferente cada um dos tipos de atraso (fora do prazo).

TOTAL DE CONTRATOS
- CONTRATOS: 723
- % DO TOTAL: 100%

CONCLUÍDOS
- CONTRATOS: 280
- % DO TOTAL: 39%
- 116 DIAS

EM ANDAMENTO
- CONTRATOS: 443
- % DO TOTAL: 61%
- 105 DIAS

DENTRO DO PRAZO (Concluídos)
- CONTRATOS: 169
- % DO TOTAL: 23%
- 45 DIAS

FORA DO PRAZO (Concluídos)
- CONTRATOS: 111
- % DO TOTAL: 15%
- 99 DIAS

DENTRO DO PRAZO (Em andamento)
- CONTRATOS: 429
- % DO TOTAL: 51%
- 82 DIAS

FORA DO PRAZO (Em andamento)
- CONTRATOS: 137
- % DO TOTAL: 16%
- 273 DIAS

ASSINADOS
- CONTRATOS: 156
- % DO TOTAL: 22%
- 84 DIAS

EM ANDAMENTO
- CONTRATOS: 120
- % DO TOTAL: 17%
- 87 DIAS

EM ENTREVISTA
- CONTRATOS: 114
- % DO TOTAL: 16%
- 78 DIAS

ASSINADOS
- CONTRATOS: 16
- % DO TOTAL: 5%
- 253 DIAS

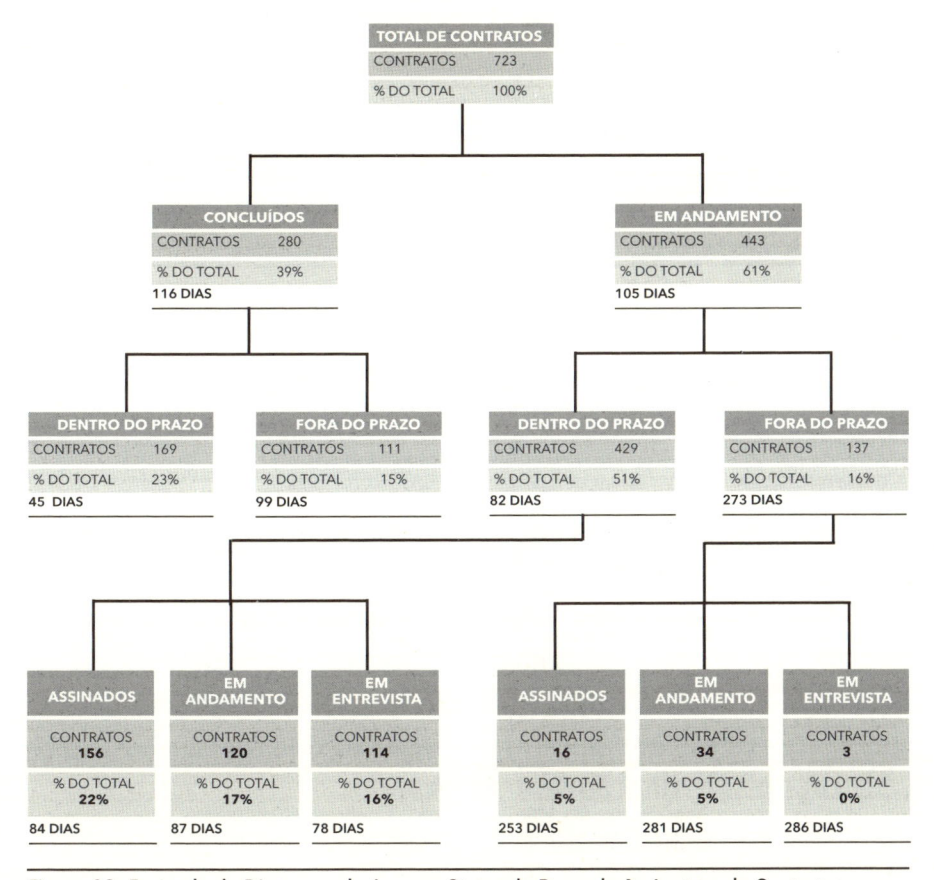

EM ANDAMENTO
- CONTRATOS: 34
- % DO TOTAL: 5%
- 281 DIAS

EM ENTREVISTA
- CONTRATOS: 3
- % DO TOTAL: 0%
- 286 DIAS

Figura 03: Exemplo de Diagrama de árvore – Status de Prazo de Assinatura de Contratos

1.2.3 Análise das causas dos desvios

Uma vez identificados os desvios em relação às metas estratégicas (agregados e desagregados), partimos para a análise de suas causas utilizando o Diagrama de Ishikawa[3], também conhecido como Espinha de Peixe ou Diagrama de Causa e Efeito. Trata-se de uma das 7 Ferramentas da Qualidade, elaboradas por Kaoru Ishikawa em 1943, cujo objetivo é permitir, de maneira visual, a identificação e priorização das principais causas para o não alcance do resultado.

Em sua aplicação, inserimos o problema (desvio) na cabeça do peixe e elencamos as causas na sua espinha, conforme figura 04.

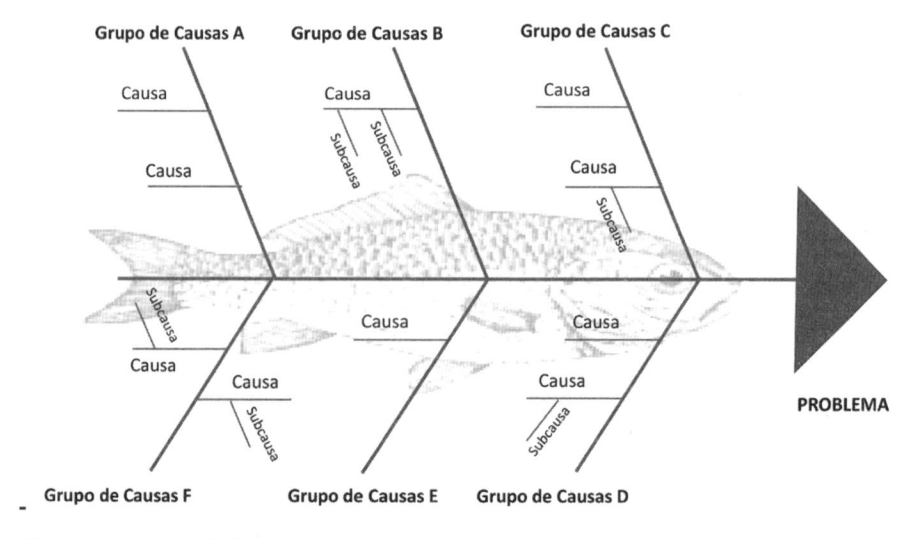

Figura 04: Exemplo de Diagrama de Ishikawa

As causas aparentes, também conhecidas como sintomas, são dispostas em grupos de afinidades (clientes, colaboradores, fornecedores, etc). Posteriormente, aplica-se a técnica dos 5 Porquês para se chegar até a causa fundamental ou causa-raiz do problema. Esta será o alvo dos planos de ação de melhoria.

---

[3] Ferramenta cuja finalidade é descobrir a causa de um desvio analisando fatores relacionados à execução do processo. Aplica-se a técnica dos 5 Porquês, por meio da qual se pergunta o porquê da ocorrência 5 vezes a fim de aprofundar ao máximo a questão e encontrar a sua causa-raiz.

1.3 Reflexão do presente

Resultados do Exercício Atual x Orçamento

Revisitado o passado, iniciamos a reflexão do presente. Trata-se de olhar para os resultados que a empresa vem colhendo no exercício atual, comparando-os com o orçamento empresarial. Essa etapa é importante para que todos os atores do processo de planejamento estratégico tenham plena convicção do ambiente no qual se está navegando.

O tempo presente é o que realmente existe. É o único em que podemos ter qualquer tipo de influência real. O passado não muda, é algo que já aconteceu e do qual apenas podemos extrair lições. O futuro é um exercício de imaginação, construído primeiramente na nossa mente, para ser perseguido posteriormente.

Sendo assim, dedicamos atenção especial a esse tempo, pois é necessário o foco no presente para diagnosticarmos o real ponto de partida para qualquer exercício de planejamento estratégico. Se superestimamos a condição presente, seja em termos financeiros, operacionais, recursos humanos ou tecnologia, ignoramos uma série de possíveis obstáculos que podem surgir no caminho. Sob a ótica oposta, se subestimamos a condição presente, corremos o risco de ser pessimistas na busca de novas oportunidades.

Por pensar no futuro, e em como se cria um ambiente favorável a proposições e sonhos audaciosos, o planejamento estratégico é um momento em que as pessoas são convidadas a ousar e a pensar positivamente. Sem dúvidas, isso é fundamental. Do contrário, temos como produto final uma ambição tímida e pouco ousada.

Mas, sob a ótica da gestão, é preciso estar bem fundamentado. Estudar profundamente os números, analisar e estratificar as oportunidades e reconhecer todos os gargalos e restrições para que os planos elaborados sejam não apenas audaciosos, mas também factíveis e com foco. Falaremos de forma mais abrangente sobre esse assunto no Passo 3 – Evidências.

Autoconhecimento

Este é um tema amplamente divulgado quando falamos de gestão de pessoas e desenvolvimento humano. Existe uma ampla bibliografia disponível a respeito. Ele também pode ser extremamente útil quando falamos das organizações, que nada mais são do que um conjunto de pessoas unidas para atingir determinado objetivo em comum.

O autoconhecimento consiste na viagem interna que fazemos para buscar a nossa essência, o que nos move, nossas crenças fortalecedoras e as limitantes, nossos valores mais profundos e qual legado queremos deixar para as futuras gerações.

A empresa também precisa se conhecer e o planejamento estratégico é um bom momento para convidar os executivos e as lideranças a delimitar esses aspectos sob a ótica organizacional.

De carona com a Teoria das Inteligências Múltiplas de Howard Gardner[4], falamos da inteligência intrapessoal, a qual apelidaríamos de "inteligência intraorganizacional" no nosso contexto. Podemos considerar que é a maneira como a organização se vê e como convive com suas limitações e potencialidades.

1.4 Construção do futuro

> "*A melhor maneira de prever o futuro é criá-lo*"
>
> Peter Drucker

---

[4] Em contrapeso com o paradigma da inteligência única, suportada pelo acúmulo de conhecimento acadêmico, o psicólogo Howard Gardner identificou e definiu 9 tipos de inteligência que a vida humana requer.

A Ambição do Presidente/Acionista

Partindo do pressuposto que, dentro da cadeia de comando da organização, todos estão desempenhando o seu papel de maneira satisfatória e sem disfunções, um dos principais papéis do presidente da empresa é garantir o seu futuro por meio da elaboração e da implantação de iniciativas estratégicas que garantam sua sustentação.

O presidente aqui descrito pode ser o próprio fundador ou um executivo contratado. Estamos falando do número 1, aquele que tem o papel de puxar a organização. Ele não o faz sozinho, mas tem o papel de ser o líder desse processo. Dessa forma, ele deve plantar a semente do futuro. Convidar o seu time a pensar no horizonte de 3 a 5 anos e traçar ambições para a organização. Se ele não o fizer, o mercado fará por ele. Quem não planeja é planejado!

É preciso ter muita habilidade para essa condução. O presidente precisa direcionar e facilitar o processo, sem impor a sua visão e exigir que os outros a sigam. É fundamental convidar as principais lideranças formais e informais para contribuírem e, assim, fazer com que a estratégia seja construída por todos, com compromisso de implantá-la.

Indicadores da Ambição

Como cientistas da gestão, acreditamos que a ambição precisa ter métrica. Ao traçar a visão, devemos tangibilizar nossa escolha estratégica em algo passível de ser medido. A escolha dos indicadores corretos é um passo essencial. Errar aqui pode significar o fracasso de um plano estratégico. Não existe regra ou indicador único. É importante considerar o segmento de atuação, a abrangência da empresa (se local ou internacional), as questões concorrenciais, a dinâmica do mercado e as ligações acionárias, entre outros aspectos.

Para uma organização, pode fazer sentido estabelecer como métrica o faturamento. Para outras, será mais recomendável o lucro líquido. Se falamos de uma unidade produtiva, talvez seja válido considerar volumes e EBITDA[5]. Se analisamos uma empresa exportadora, é importante levar em conta os efeitos do câmbio. Se tratamos de um distribuidor, podemos adotar o ROCE[6].

Tendências Macroeconômicas

Ao pensar no futuro, sabendo da importância do ambiente externo das organizações, é relevante analisar as tendências macroeconômicas dos países onde se atua. Nós nos referimos a projeções de crescimento do PIB[7], tendências de inflação, projeções de câmbio, taxas de desemprego, entre outras. Projetar crescimento de 3%, quando há uma projeção de expansão de 5% no PIB do segmento, pode significar involuir. Prever aumento de faturamento de 5% quando a inflação projetada é 8%, também significa retração.

Seja numa visão local seja numa global, os efeitos do ambiente externo precisam ser considerados. As projeções nunca são perfeitas, mas fornecem balizadores úteis para o exercício de previsão de médio e longo prazo. Recomenda-se que sempre sejam utilizadas as fontes oficiais de cada um desses índices.

Curva da Ambição

Uma vez construída a ambição para estipular metas anuais para o horizonte de 3 a 5 anos, constrói-se uma curva para cada um dos indicadores da ambição. Assim, estabelecem-se marcos anuais das melhorias projetadas a partir da implantação de iniciativas estratégicas. Esses marcos anuais permitem o acompanhamento periódico e ações corretivas no decorrer do caminho. Como falamos de um ciclo longo, apenas estabelecer o valor ao final do período pode dificultar as correções de rumo quando algo não sai como esperado durante o percurso.

---

5 Do inglês *Earning Before Interest, Tax, Depreciation and Amortization*. Em português: Lucros antes de Juros, Impostos, Depreciação e Amortização. É um indicador utilizado para descobrir quanto a empresa está gerando com suas atividades operacionais, não incluindo investimentos financeiros, empréstimos e impostos.
6 Retorno Sobre o Capital Empregado.
7 Produto Interno Bruto.

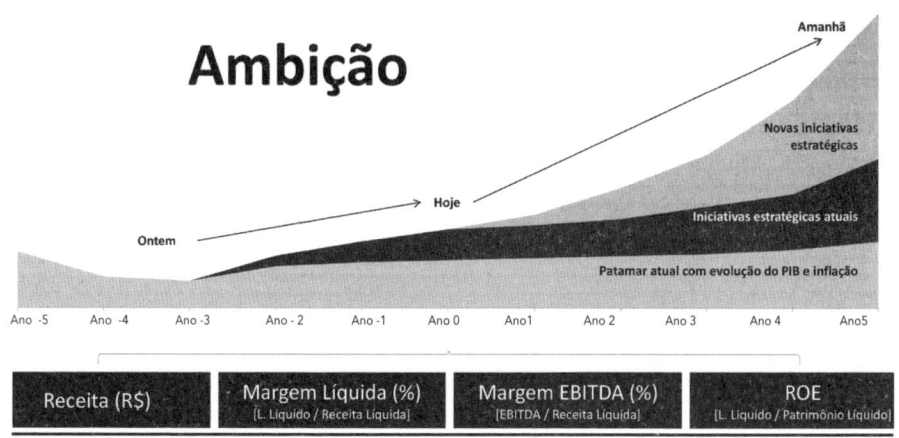

Figura 05: Curva da Ambição

Tendência de resultados com práticas atuais

A primeira parte da curva da Ambição (área mais próxima do eixo do gráfico da figura 05) consiste em projetar os resultados futuros de cada indicador priorizado considerando as práticas atuais de gestão da empresa. Aqui, utilizamos indicadores setoriais ou o próprio PIB e a inflação.

Tendência de resultados com iniciativas em andamento

Como a empresa não nasceu hoje, certamente existe uma série de iniciativas de melhoria em andamento. A segunda parte da curva (área do meio do gráfico da figura 05) consiste em refletirmos sobre os impactos das iniciativas já em andamento no momento de construção do plano estratégico. Elas tendem a contribuir de forma significativa nos anos 1 e 2.

Tendência de resultados com novas iniciativas

Para completar a curva (área mais acima do gráfico da figura 05), lançamos a projeção dos impactos das novas iniciativas estratégicas originárias do planejamento estratégico. As medidas estruturais têm, usualmente, um ciclo mais longo para impactar resultados. Portanto, precisam ser planejadas e iniciadas no presente, para que os resultados esperados aconteçam nos anos subsequentes.

PASSO 2

GOVERNANÇA

COMO DEVEMOS NOS ORGANIZAR?

Tendo como ponto de partida a Ambição estabelecida pela empresa no Passo 1, a etapa seguinte, Governança, diz respeito à organização interna das responsabilidades para buscar a Ambição.

2.1 Estruturação da Governança

Para que qualquer iniciativa de melhoria dentro da organização possa ser plenamente alcançada e bem-sucedida, é preciso deixar claros os papéis e responsabilidades de cada ator. Trabalhamos há décadas com um modelo de governança muito forte, capaz de tirar planos do papel e entregar resultados práticos nas organizações.

Apresentamos a seguir o modelo, o qual pode ser adaptado para cada contexto de organização, mas cuja essência deve ser preservada: definir claramente os papéis e atribuições de cada membro.

	ATRIBUIÇÃO
GOVERNANÇA DO PROJETO DIRETORIA DA EMPRESA E SEUS CONVIDADOS	• ACOMPANHAMENTO MENSAL DO ANDAMENTO DO PROJETO
LÍDER DO PROJETO	• GARANTIR QUE PROJETO ACONTEÇA CONFORME O PLANEJADO • GARANTIR ACESSO ÀS INFORMAÇÕES NECESSÁRIAS • ACOMPANHAMENTO SEMANAL DO PROJETO
ÁRBITRO DO PROJETO	• HOMOLOGA RESULTADOS QUALITATIVOS E QUANTITATIVOS DO PROGRAMA • CONVOCA OS RITUAIS MENSAIS DE GESTÃO
COORDENADOR DO PROJETO ESPECIALISTA	• COORDENAR AS ATIVIDADES DO PROJETO • GARANTIR O CUMPRIMENTO DO CRONOGRAMA • LIDERAR O TIME DE CONSULTORES
EQUIPES DE TRABALHO STARTUPS OPERACIONAIS	• EXECUTAR AS ATIVIDADES DE ACORDO COM O CRONOGRAMA EM COMPLETA SINERGIA • COLABORADORES FORMADOS DURANTE O PROJETO

Figura 06: Papéis e Atribuições na Construção e Implementação da estratégia

No topo da governança, deve estar representada a Diretoria da organização. Os diretores têm a opção de convidar membros externos à empresa com reconhecida capacidade de agregar conhecimentos estratégicos ao núcleo de liderança. Esse núcleo diretor irá definir e validar as grandes diretrizes do processo de construção e implementação da estratégia.

No segundo nível, a diretoria define um líder para o projeto, o qual tem o papel de garantir que o projeto estratégico aconteça conforme o planejado, dar acesso às informações necessárias para condução dos estudos e análises e acompanhar semanalmente as entregas previstas.

No terceiro nível aparece a figura do árbitro. Este tem o papel de homologar todos os ganhos previstos na estratégia e também de convocar os rituais de gestão para acompanhamento do andamento dos resultados e ações que surgem a partir do plano estratégico. Normalmente, esse papel é desempenhado por alguém da área financeira com amplo domínio dos demonstrativos econômico-financeiros da organização, onde os impactos serão mensurados.

No quarto nível nomeia-se um coordenador do projeto, que pode ser um especialista externo ou mesmo um líder interno nomeado pela diretoria para ficar dedicado à coordenação tático operacional do projeto estratégico. Ele coordena todas as atividades envolvidas, zela pelo cronograma e lidera o time de especialistas e facilitadores da empresa.

No quinto e último nível, temos as equipes de trabalho, formadas pelo time da empresa e, quando houver, pelos especialistas, aqueles que irão, de fato, executar as atividades conforme o cronograma, para gerar os resultados previstos no plano estratégico.

2.2 Estratégia construída x Estratégia recebida

A experiência do Aquila na condução de centenas de processos de planejamento estratégico em organizações de diferentes segmentos e portes, em diversas culturas do mundo, mostra uma verdade quase que absoluta: as chances de alcançar os objetivos estratégicos traçados aumentam exponencialmente quando as pessoas que farão parte da implementação do plano participam da sua construção.

Elas não precisam ser convencidas da sua importância ou dos ganhos que serão obtidos, pois o plano contempla seus pontos de vista e contribuições. De espectadores, os gestores se transformam em atores do processo.

É uma conclusão que pode parecer óbvia, mas ainda nos deparamos com executivos ou donos de empresas que acreditam que a estratégia é exclusividade do CEO[8] e dos diretores. Eles menosprezam a contribuição do nível gerencial para essa construção, seja ela com proposição de ideias (os gerentes conhecem profundamente processos e operações) seja como forma de garantir que as propostas sejam comunicadas e abraçadas pelas equipes de coordenadores, supervisores e colaboradores.

Dessa forma, a construção correta da Governança, debatida no item 2.1, é fundamental para o êxito da formulação e do alinhamento da estratégia em todos os níveis organizacionais.

É rico ver a alegria das pessoas ao manifestar abertamente suas opiniões e sugestões na construção do futuro da organização. Além do impacto financeiro que buscamos quando tratamos de estratégia, a prática pode ser vista como uma ferramenta interessante para reten-ção e desenvolvimento das pessoas. Fazer parte das decisões estraté-gicas e ajudar a construir o futuro de uma organização é, sem dúvida, uma tarefa nobre e relevante do ponto de vista da gestão de pessoas.

Utilizando os conceitos abordados por José Roberto Marques (2015), na Pirâmide do Processo Evolutivo, podemos considerar que,

---
8 Do inglês *Chief Executive Officer*. Em português: Presidente.

ao participar da construção e implementação de uma estratégia organizacional, estamos trabalhando no nível mais alto da pirâmide do processo evolutivo, que diz respeito ao Legado. Falamos sobre deixar algo relevante na terra para as gerações futuras. Isso envolve as famílias impactadas, a cidade e o país onde vivemos e o mundo que habitamos.

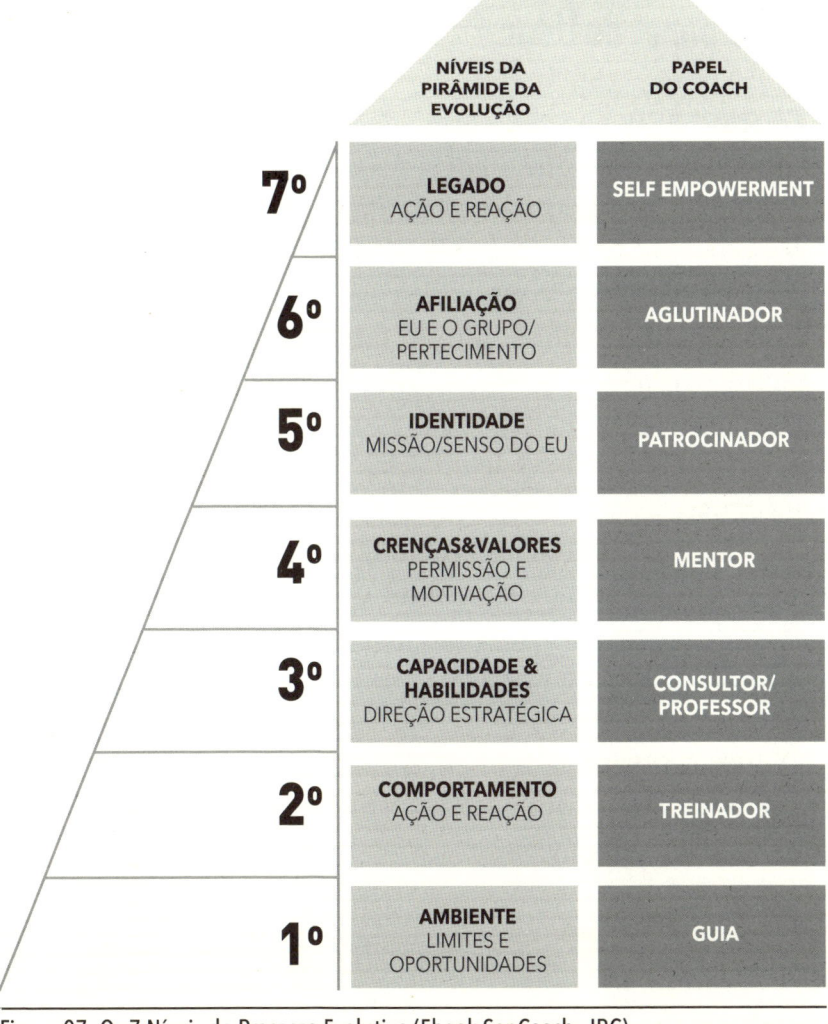

	NÍVEIS DA PIRÂMIDE DA EVOLUÇÃO	PAPEL DO COACH
7º	**LEGADO** AÇÃO E REAÇÃO	SELF EMPOWERMENT
6º	**AFILIAÇÃO** EU E O GRUPO/ PERTECIMENTO	AGLUTINADOR
5º	**IDENTIDADE** MISSÃO/SENSO DO EU	PATROCINADOR
4º	**CRENÇAS&VALORES** PERMISSÃO E MOTIVAÇÃO	MENTOR
3º	**CAPACIDADE & HABILIDADES** DIREÇÃO ESTRATÉGICA	CONSULTOR/ PROFESSOR
2º	**COMPORTAMENTO** AÇÃO E REAÇÃO	TREINADOR
1º	**AMBIENTE** LIMITES E OPORTUNIDADES	GUIA

Figura 07: Os 7 Níveis do Processo Evolutivo (Ebook Ser Coach - IBC)

Trata-se de tocar a vida de milhares de pessoas a partir de um plano estratégico construído com bases sólidas e elaborado por profissionais altamente motivados e comprometidos com a organização e com toda a teia que a envolve. É ou não é uma oportunidade incrível?

2.3 O papel do líder

Charan (2010, pág. 19) afirma que a lacuna que ninguém conhece é aquela entre o que a liderança da empresa quer atingir e a habilidade da organização para tal. Ele defende que nenhuma estratégia que valha a pena pode ser planejada sem levar em conta a habilidade da organização em executá-la.

Execução não é simplesmente fazer acontecer, é como fazer acontecer. É a principal tarefa do líder da empresa e deve ser um elemento-chave da sua cultura. "Se você não sabe executar, o todo de seus esforços como líder sempre será menor do que a soma das partes" (CHARAN, R. 2010, pág. 19).

Assim como abordamos no Passo 1, quando tratamos sobre a importância da liderança estar à frente dos processos para combater os motivos de falhas nas estratégias, reforçamos que o papel do líder é fundamental para a condução da formulação e da implementação da estratégia.

O líder não carrega o piano sozinho, mas deve ser o grande condutor do processo. Ele deve praticar o MBWA[10], citado por Charan, desempenhando atividades como:

---

[10] Do inglês *Management by Walking Around*. Em português: Gerenciamento com envolvimento.

- Definir diretrizes estratégicas;
- Definir e liderar a governança;
- Garantir os recursos;
- Motivar e energizar o time;
- Fazer a interlocução com o Conselho de Administração e os acionistas;
- Liderar a meritocracia e o programa de incentivos;
- Orientar a execução dos planos;
- Criticar e aperfeiçoar os planos a partir do profundo conhecimento do negócio;
- Selecionar os melhores profissionais;
- Orientar e dar *feedback*.

Charan (2010) afirma que as organizações que se diferenciam no mercado são aquelas cujos líderes têm perfil de execução. Casos como o de Jack Welch à frente da General Eletric e o de Michael Dell à frente da Dell são exemplos de lideranças que fizeram a diferença na condução da estratégia de suas organizações. No Brasil, Antônio Ermínio de Morais, do Grupo Votorantim, é um exemplo de líder bem-sucedido com perfil de execução.

Por outro lado, quando o líder delega as suas funções e não participa da execução, é muito comum que o resultado planejado não aconteça.

PASSO 3
EVIDÊNCIAS

ANÁLISE DO AMBIENTE E AS EVIDÊNCIAS ENCONTRADAS

O Passo 3 trata de reunir as Evidências. É uma das etapas mais densas e importantes do caminho rumo à Excelência. Tudo aquilo que foi debatido na Ambição precisa ser confrontado com a realidade. Os objetivos devem ser minuciosamente estudados, avaliados e medidos.

É indispensável envolver as pessoas que entendem e dominam os processos. Aqui, olhamos para todos os *stakeholders* envolvidos, os quais tratamos como os donos do negócio, analisamos a cadeia de valor da empresa e os seus diferenciais. Também observamos as condições do mercado e finalizamos com a análise das vantagens competitivas que podem ser alcançadas por inovação e globalização (copiar e transferir as melhores práticas), conforme explicado na figura 15 (página 64).

3.1 Entendimento do sistema e da cadeia de valor

Todas as organizações fazem parte de um sistema no qual existem diversas partes interessadas, ou também denominadas de *stakeholders* ou donos do negócio. Cada um tem um interesse diferente na companhia e necessita que seus desejos sejam atendidos para continuarem integrando o sistema.

Dependendo do negócio em que atuamos, a importância relativa de cada membro do sistema pode variar.

A seguir, analisaremos cada uma das partes interessadas da empresa.

FORNECEDORES
Representam até 70%?

COLABORADORES
Representam até 15%?

TRIBUTOS
Representam até 15%?

SISTEMA FINANCEIRO
Custo menor que 5%?
Rentabilidade acima de 2 dígitos?

PROPRIETÁRIOS E ALTOS EXECUTIVOS

ÓRGÃO REGULADORES E ENTIDADES DE CLASSE
Impactam no nosso negócio?

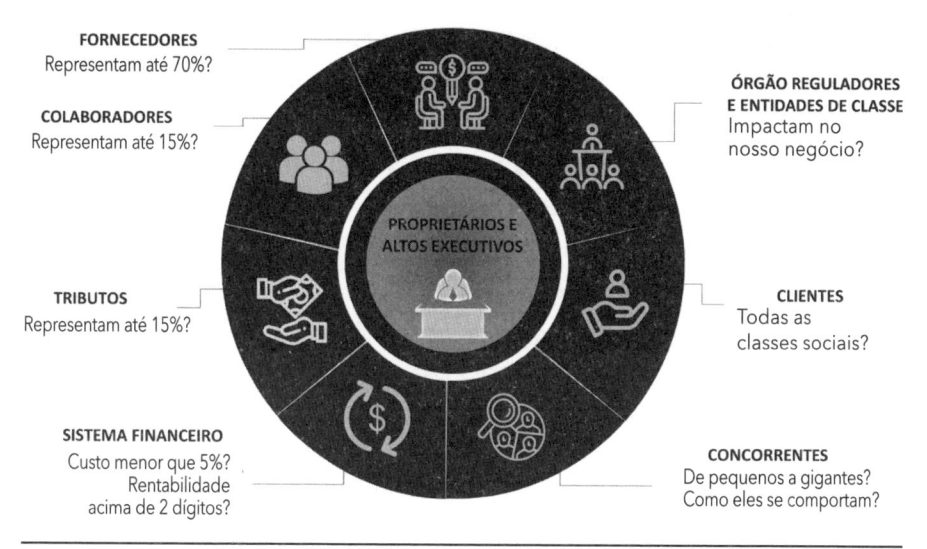

CLIENTES
Todas as classes sociais?

CONCORRENTES
De pequenos a gigantes?
Como eles se comportam?

Figura 08: Os donos do negócio

3.1.1 Análise dos *Stakeholders*

Governo

Dotada de poder hierárquico, disciplinar, regulamentar e polícia administrativa, a administração pública possui a atribuição de criar a legislação tributária e empresarial brasileira, mecanismo que influencia e controla as organizações.

Além de atender os próprios interesses enquanto arrecadador de impostos e de controle do cumprimento das leis, o governo atua para responder as expectativas das empresas, pois elas dependem dele para aprovar projetos e acordos e conseguir incentivos fiscais.

A administração pública também visa acolher os interesses dos consumidores, pois eles querem que as leis sejam respeitadas, os impostos sejam pagos e as relações na sociedade sejam éticas e transparentes.

Exemplos de influência do governo na definição da estratégia empresarial:

> • Quais leis devem ser seguidas no caso de uma fusão ou aquisição empresarial?
> • Se vou vender para algum Estado da Federação, como ficará meu ICMS[11]?
> • O setor em que atuo possui benefício de desoneração da folha? Por quanto tempo?

Órgãos Reguladores e Entidades de Classe

Os *stakeholders* têm interesse legítimo no funcionamento da empresa pelos mais variados motivos. As entidades de classe lutam pelo melhor para os colaboradores. Uma associação de moradores quer compensações pela instalação de uma fábrica próxima à sua comunidade e uma organização ambiental se empenha por leis mais restritivas para a indústria.

Os sindicatos, tanto os das empresas quanto os dos colaboradores, ganham sua importância por serem os responsáveis pela elaboração de regras e de convenções de trabalho, a fim de normatizar a execução das atividades.

Os órgãos de poder regulador são independentes e devem exercer a fiscalização, a auditoria e o controle sobre a atividade econômica.

---

1 Imposto sobre Circulação de Mercadorias e Serviços.

Exemplos de impacto das posições dos órgãos reguladores/entidades de classe na definição da estratégia:

> - Quais são os órgãos reguladores intervenientes em uma empresa cuja operação depende de importação e exportação?
> - Quais são as exigências para a exportação da carne brasileira?
> - O que a ANTT[12] exige para a realização de transportes de cargas?

Colaboradores

Os colaboradores também são partes interessadas da empresa. O sucesso do negócio depende de sua participação e atuação direta. São importantes, porque toda organização precisa deles para funcionar. Além disso, são os que garantem a qualidade na prestação do serviço e, consequentemente, a satisfação dos clientes.

Por serem parte fundamental para o alcance dos resultados de uma empresa, é necessário assegurar que as suas expectativas e necessidades sejam conhecidas e consideradas.

Segundo Harrison, Freeman e Abreu (2015)[13], os colaboradores que são bem tratados pela organização tendem a exercer atitudes positivas recíprocas e permanecem leais à empresa.

Exemplos de influência dos colaboradores na definição da estratégia:

> - Quais são os programas de melhoria existentes na empresa?
> - Quais são os treinamentos ministrados para a equipe?
> - Os colaboradores entendem qual é o seu papel dentro da organização?

---

[12] Agência Nacional de Transportes Terrestres.
[13] HARRISON, Jeffrey S.; FREEMAN, R. Edward; ABREU, Mônica Cavalcanti Sá de. *Stakeholder theory as an ethical approach to effective management: Applying the theory to multiple contexts*. Revista brasileira de gestão de negócios, v. 17, n. 55, p. 858-869, 2015.

Sistema financeiro

Esta é uma parte importantíssima para a estratégia de uma organização. Afinal, provê recursos para a operação do dia a dia e para o crescimento do negócio. Isso acontece por meio de operações rotineiras de tesouraria, operações de capital de giro ou até mesmo via grandes investimentos.

O sistema financeiro é um dos responsáveis por "investir" recursos na organização. Dessa forma, é preciso que a empresa e os bancos estejam alinhados quanto aos riscos e as vantagens da negociação.

Essa relação é regulada pelo Bacen[14], órgão fiscalizador e supervisor do sistema financeiro, que estabelece padrões de funcionamento para as instituições financeiras, sempre alinhados às variáveis sociais e ambientais.

Exemplos de influência do sistema financeiro na definição da estratégia:

- Para realizar um investimento, é melhor utilizar capital próprio ou de terceiros (bancos)?
- Qual é o custo do capital de terceiros?
- É melhor tomar um recurso com taxa pré-fixada ou pós-fixada? Em quais condições?
- É melhor contrair dívidas de longo ou curto prazo?

---

[14] Banco Central do Brasil.

Fornecedores

Participam do sistema fornecendo matérias-primas ou produtos finais para a organização e recebem como contrapartida o pagamento pelos insumos fornecidos. Dependendo do segmento, podem representar até 70% do negócio.

Em uma empresa distribuidora, por exemplo, o CMV[15] pode chegar a até 80% do valor de venda do produto. Na siderurgia, o CPV[16] representa cerca de 85% do preço do produto. Em uma loja de roupas, o CMV fica em torno de 50% do valor de venda. Ou seja, de cada R$100,00 que o meu cliente paga, cerca de 50% a 70% vai diretamente para os meus fornecedores.

Isso demonstra a importância de ter uma relação organizada com esse fornecedor, no que diz respeito aos prazos de fornecimento e de pagamento, à qualidade dos produtos ou às preferências dos clientes.

Qualquer estratégia que contemple mudanças nessa parte do sistema precisa considerar os possíveis impactos na atual cadeia de fornecimento ou mesmo a necessidade de desenvolver fornecedores.

Exemplos de influência dos fornecedores na definição da estratégia:

> • Se estou em uma indústria alimentícia que atua no segmento de massas, meu fornecedor de farinha tem um peso relevante no meu negócio, do ponto de vista financeiro ou mesmo técnico. Se a farinha é importada e o país sofre com a constante oscilação do câmbio, como devo considerar este *mix* de matéria-prima no meu *blend*?
> • Se estou em uma indústria de café cujo insumo depende anualmente das safras e do câmbio, quando devo adotar uma posição *long* ou *short* dessa matéria-prima?

---

15 Custo da Mercadoria Vendida.
16 Custo do Produto Vendido.

Clientes

Os clientes são o principal patrimônio da empresa. São eles que rentabilizam ou não todas as operações realizadas na organização. Atuam sempre em função da sua fidelidade e do valor que estão dispostos a pagar para ter acesso ao produto ou serviço fornecido pela empresa e o valor percebido da marca.

Se o cliente não compra, o negócio está com os dias contados. Nessa situação, precisamos trazer o olhar do cliente para dentro da organização e considerar a satisfação dos seus interesses em cada uma das atividades realizadas diariamente. O que estou fazendo agrega ou não valor ao cliente? Ele reconhece e paga por isso?

A sobrevivência da empresa passa por fidelizar a carteira de clientes, como mostram as figuras abaixo:

Pirâmide do Patrimônio
Situação inicial

- CLIENTES FIÉIS
- CLIENTES QUE PREFEREM
- CLIENTES QUE CONSIDERAM
- BASE DE CLIENTES

Pirâmide do Patrimônio
Fidelizado

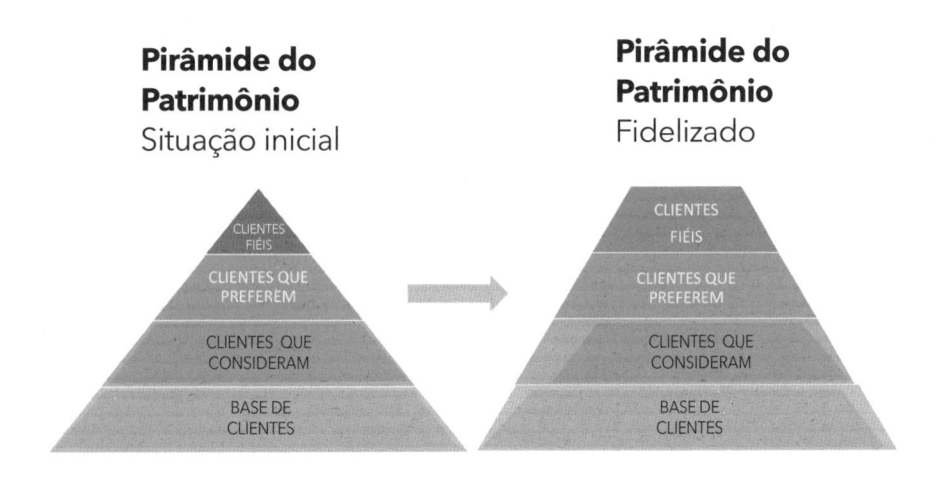

- CLIENTES FIÉIS
- CLIENTES QUE PREFEREM
- CLIENTES QUE CONSIDERAM
- BASE DE CLIENTES

Figura 09: Pirâmide do Patrimônio

Exemplos de influência dos clientes na definição da estratégia:

- Se estou considerando a unificação de uma marca dentro de um grupo de empresas, que impacto essa mudança de identidade organizacional pode causar na fidelidade da minha clientela? Perderei ou ganharei clientes com esse movimento?

- Se atuo no segmento de construção e pretendo migrar a minha carteira de clientes do setor público para o setor privado, o qual me garante maior rentabilidade, como devo me preparar? Quais novos desafios enfrentarei e para quais ainda não estou preparado?

Concorrentes

Também são importantes atores no sistema. Eles nos fazem acordar mais cedo e dormir mais tarde todos os dias. Os concorrentes são um importante elemento para garantir a melhoria da organização. Quem ganha são os clientes, que passam a desfrutar de melhores produtos e serviços, uma vez que a concorrência leva à busca contínua do aprimoramento.

Toda e qualquer estratégia deve considerar a reação dos concorrentes. Uma inovação, dentro de um espaço de tempo, será copiada. Uma política de preços será combatida com novos posicionamentos da concorrência.

Uma expansão regional enfrentará novos concorrentes. A chegada de um novo concorrente pode mudar todas as projeções consideradas no planejamento estratégico. As fusões e as aquisições no setor mudam a dinâmica da concorrência e de poder de cada um dos *players*.

Exemplos de influências dos concorrentes na definição da estratégia:

> • Se atuo no segmento de distribuição, qual é a diferença de lançar a minha atualização semanal da tabela de preços na segunda ou na sexta-feira?
> • Se atuo no setor de máquinas e equipamentos, que atributos do pós-vendas podem garantir uma maior fidelização do cliente em comparação aos meus concorrentes?
> • Se estou instalado em Minas Gerais, quais são as minhas vantagens competitivas frente a um concorrente com fábrica no Estado de São Paulo?

Proprietários e Altos Executivos

Os acionistas empregam seu capital na organização e buscam um retorno para o valor investido. Estão o tempo todo fazendo contas da alocação de capital mais atrativa. Se o meu negócio não remunera o capital na proporção desejada, passa a ser desinteressante para o acionista, que buscará outros investimentos.

Os altos executivos também estão representados aqui, pois são pagos pelos acionistas para garantir a rentabilidade. Sua remuneração, seu bônus e, muitas vezes, até sua participação societária, estão vinculados aos resultados que geram.

Exemplo de influência dos proprietários/altos executivos na definição da estratégia:

> • O capital empregado na empresa está gerando o retorno esperado?
> • As ações estão valorizadas acima do mercado de referência?
> • Como está o *turn over* dos altos executivos?

3.1.2 Análise da cadeia de valor e diferenciais

A cadeia de valor expõe de forma bem visual os grandes processos da organização. Cada empresa possui um diferencial em alguma etapa da cadeia. Conhecer as suas forças e as fragilidades em cada fase é primordial para pensar a estratégia.

Dessa forma, olhando para uma cadeia cujos processos essenciais estão genericamente representados na figura abaixo, propomos algumas perguntas:

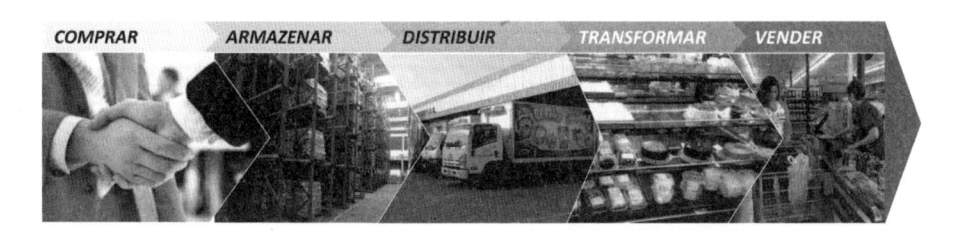

Figura 10: Exemplo de cadeia de Valor

1) Onde está a força do meu negócio?
Dependendo do segmento em que a empresa atua, a força do negócio poderá estar em etapas distintas da cadeia de valor. Empresas industriais tendem a ter seus diferenciais em etapas da cadeia de valor diferentes de empresas distribuidoras e prestadores de serviços, por exemplo. Em qual dessas etapas de fato eu agrego valor para entregar um produto ou serviço diferenciado?

2) Como me diferencio dos meus concorrentes?
Mesmo atuando no mesmo segmento de negócio, as empresas podem ter diferenciações significativas nos processos que permeiam a sua cadeia de valor. Ao pensar no plano estratégico, é preciso fazer uma profunda reflexão de quais são, perante os concorrentes, minhas vantagens competitivas em uma ou mais etapas da minha cadeia de valor. O que faz com que eu tenha a preferência dos clientes?

3) Qual é a atividade mais crítica e mais sensível da minha cadeia de valor?

Na ótica da gestão, a cadeia de valor é gerenciada como uma relação de causa e efeito, ou relação entre fins (resultados) e meios (processos). É preciso avaliar a criticidade de cada etapa da cadeia. Entender quais etapas mais impactam na satisfação do cliente, quais delas são mais relevantes financeiramente, quais etapas possuem grande quantidade de pessoas trabalhando, quais delas apresentam riscos para a segurança e meio ambiente, são alguns exemplos de como se avaliar a criticidade.

4) Onde estão as oportunidades de melhoria do meu negócio em cada etapa da cadeia?

O que posso aperfeiçoar nos meus processos para ser mais produtivo (entregar o melhor produto ou serviço) e competitivo (ao menor custo)? Há alguém fazendo algo melhor do que eu faço em alguma das etapas? É melhor fazer internamente uma determinada etapa ou trabalhar com terceiros especialistas?

5) Qual é a força de cada fornecedor na minha cadeia?

Empresas de fornecedores únicos ou exclusivos (por exemplo, concessões) possuem forte relação de dependência com estes. Por outro lado, se tenho uma gama maior de fornecedores qualificados habilitados para fornecimento de materiais e serviços, como cliente, tenho mais margem para negociações. Ser relevante para o fornecedor (em porte, em visibilidade, em força da marca, em credibilidade, em imagem, em distribuição numérica de clientes, etc) é uma das estratégias para reduzir a dependência, ganhar força e ser valorizado nesse relacionamento comercial. Desenvolver fornecedores alternativos e promover uma competição saudável entre eles é outro caminho.

6) Onde a concorrência mais pode me afetar nesta cadeia?

Quais as minhas maiores fraquezas (internas) e quais ameaças (externas) me rondam em cada etapa do processo? O que posso fazer para minimizá-las? Algum concorrente tem avançado contra mim por alguma fragilidade?

Exemplo 1: Tenho uma política comercial mais rígida do que

os novos entrantes, os quais podem ser mais flexíveis e tomar parte do meu *market share*.

Exemplo 2: trabalho com frota própria para distribuição e isso me traz uma perda de agilidade nas entregas se comparado a concorrentes que têm acesso a uma rede de transportadores mais ampla e, consequentemente, mais margem de manobra em períodos de pico do varejo.

7) Qual etapa da minha cadeia dificulta a abertura para novos entrantes?

Possuo alguma reserva de mercado, tecnologia ou know-how que dificulta a entrada de novos *players*? Por quanto tempo? Alguém pode copiar e melhorar? Trata-se de uma questão financeira (capital) ou está relacionada a pessoas? Os respectivos processos estão bem gerenciados? As pessoas envolvidas são reconhecidas e valorizadas?

8) Em qual etapa da cadeia construo valor para o cliente hoje? E no futuro, daqui a 5 anos?

O que faz o cliente me procurar? Qual valor entrego a ele? Essa relação passa ou passará por alguma mudança nos próximos 3 a 5 anos com a chegada de novas tecnologias? Consigo vislumbrar alguma mudança no horizonte e me antecipar?

9) Quais tecnologias posso aplicar em cada etapa da cadeia para melhorar o meu negócio, reduzindo custos e/ou aumentando a receita?

Como as palavras digitalização, acessibilidade, flexibilidade, velocidade, conectividade, compartilhamento, integração, sinergia e personalização se aplicam no seu negócio? Como posso fazer mais com menos? O que é possível simplificar nos meus processos com uso de tecnologias para reduzir tempos e custos?

10) Quais são as tendências do setor para cada etapa da ca-deia?
Estou em vantagem ou em desvantagem na adaptação a elas?

Como o *e-commerce*, o *marketplace*, as vendas diretas, a oferta de soluções e as lojas inteligentes, por exemplo, afetam o meu negócio? Estou integrado e atento às novidades ou resisto em mu-dar?

11) Onde posso inovar na cadeia?
Qual o grau de inovação aplicado aos meus processos atuais? Tenho pessoas motivadas e estimuladas a fazer diferente? Valorizo a diversidade de pensamentos no meu negócio? Promovo a oxigenação das pessoas buscando novos conhecimentos em parceiros, feiras, eventos ou programas modernos de formação que estimulem a inovação? Tenho inovado mais ou menos que os meus concorrentes? Que tipo de inovação pode me levar a outro patamar de resultados?

3.1.3 A força da marca

Todo trabalho estratégico deve considerar a valorização da marca. A força da marca garante um retorno sobre o capital investido superior ao mercado em referência. Ela gera credibilidade para fornecedores e colaboradores e imagem positiva junto a clientes e concorrentes. Isso é traduzido no DRE[17] da organização.

Figura 11: A força da marca

---

17 Demonstrativo de Resultado do Exercício.

Quando a força da marca se concretiza na fidelização do cliente, é possível melhorar a rentabilidade. Isso garante geração de caixa adicional para investimentos em novas tecnologias, marketing e inovação, favorecendo condições vantajosas para a sedimentação do futuro do negócio.

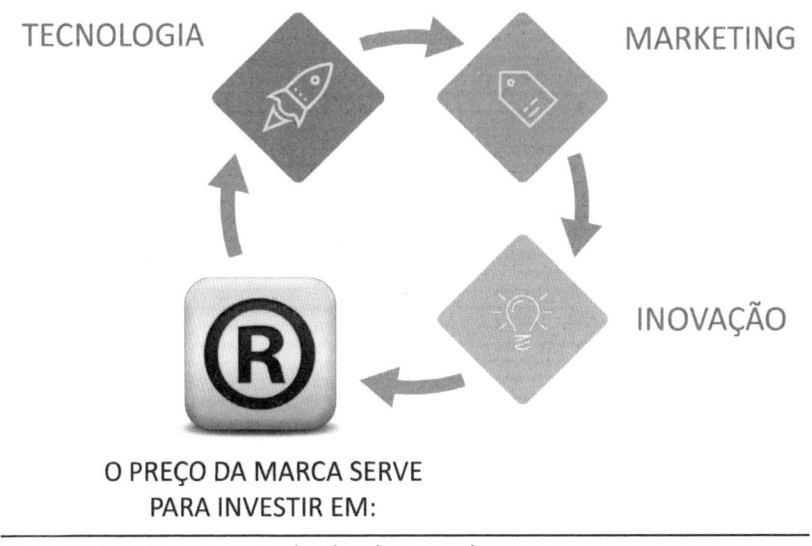

Figura 12: Investimentos oriundos da valorização da marca

Por outro lado, quando não se possui uma marca forte e há sempre briga por preço, a capacidade de investimento torna-se extremamente limitada.

3.2 Análise do mercado

A análise de evidências também considera os aspectos externos à organização. É necessária uma avaliação criteriosa do mercado no qual a empresa se encontra.

Quando miramos o horizonte de 12 a 36 meses adiante do momento atual, o marketing estratégico nos auxilia a compreendermos o comportamento e as tendências do mercado em que atuamos. A organização deve estudar e refletir sobre algumas perguntas estratégicas, como:

- Quais novos mercados podem ser explorados?
- Quais novas tecnologias podem ser incorporadas na organização e no segmento?
- Quais novos produtos serão lançados?
- Quais novos processos serão introduzidos?

É preciso olhar para o ciclo de vida dos produtos da nossa organização e dos itens dos concorrentes, assim como o momento em que cada um deles se encontra. Em função do estágio dos ciclos de vida do nosso portfólio e dos produtos de cada *player*, as condições concorrenciais serão bem distintas.

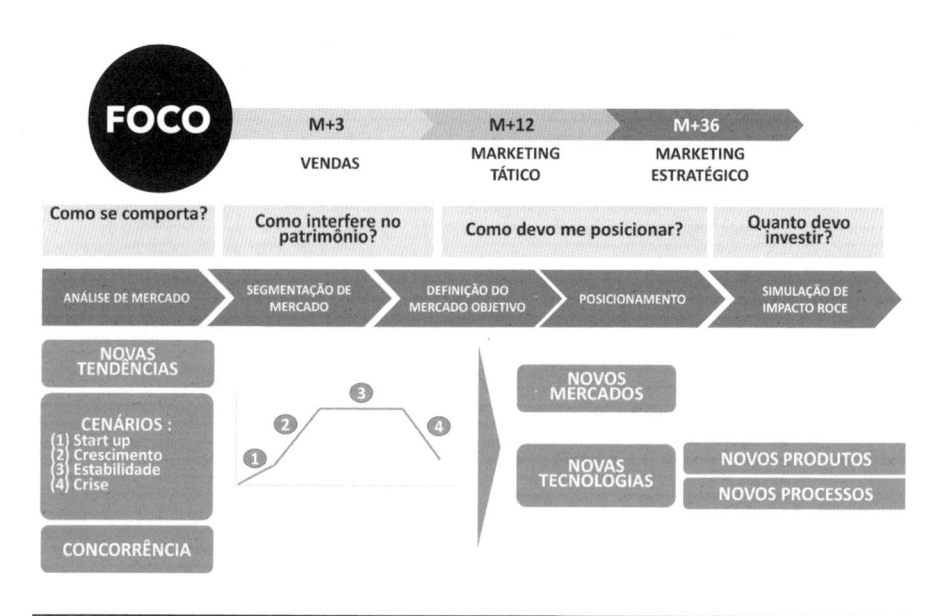

Figura 13: Marketing estratégico e análise do ambiente

De acordo com Kotler (2006), os produtos passam por 4 estágios básicos de amadurecimento: *Start up*, Crescimento, Estabilidade e Crise:

- *Start up* (Introdução): é a fase inicial da vida do produto ou o período em que ele é lançado no mercado. Essa fase tem como características o baixo volume de produção e de vendas.
- Crescimento: o produto começa a se firmar comercialmente; é o período de aceitação pelo mercado. Nesse estágio, surgem os concorrentes.
- Estabilidade (Maturidade): fase de baixo crescimento nas vendas. Os níveis de lucro tornam-se estáveis ou diminuem em função dos gastos que a empresa tem para defender o produto da concorrência. Quando o produto atinge a saturação, as características de competição se tornam mais acirradas.
- Crise (Declínio): o produto passa a perder participação no mercado, ou seja, é quando as vendas e os lucros começam a cair.

Compreendendo bem o contexto mercadológico e dos concorrentes, agora precisamos olhar para dentro do negócio e nos organizarmos, definirmos a segmentação de mercado, o mercado objetivo, nosso posicionamento e, em seguida, fazermos todas as simulações dos impactos de cada estratégia no ROCE[18], no EBITDA ou nos indicadores financeiros utilizados pela empresa, tal como exemplificado nas figuras 14 e 15.

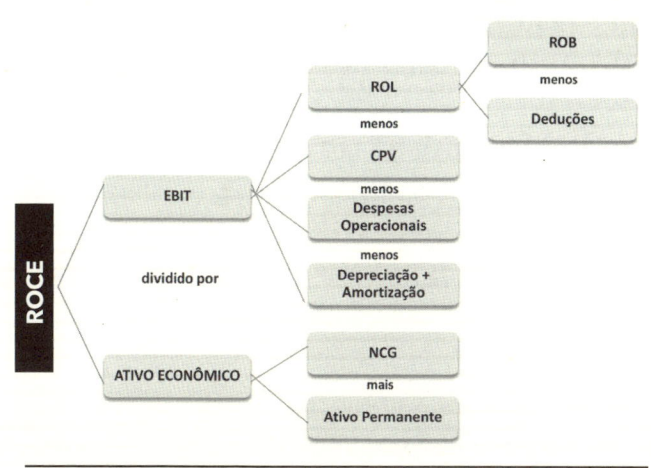

Figura 14: Exemplo de Árvore do ROCE

---

[18] O ROCE mede a Rentabilidade do Ativo Econômico. Segundo Érico Barros (2016, pág. 98), "indica quanto a empresa obtém de EBITDA para cada R$ de capital empregado nos investimentos operacionais (NCG - Necessidade de Capital de Giro) e fixos da empresa"

Simulação					Receita		
RECEITA	TICKET MÉDIO	R$ 100	R$ 100 MIL	5%	R$ 105	R$ 115,5 MIL	
	FLUXO DE LOJA	1.000		10%	1.100		
	MIX PRODUTOS	10.000		-15%	8.500		
CMV	COMPRAS	R$ 65	R$ 70 MIL	+	R$ 64	R$ 74,8 MIL	
	PERDAS	R$ 5			R$ 4		
VALOR AGREGADO		R$ 30	R$ 30 MIL		R$ 37	R$ 40,7 MIL	
OUTROS CUSTOS, GASTOS E DESPESAS			R$ 25 MIL			R$ 25 MIL	
VARIAÇÃO DO PONTO DE EQUILÍBRIO FLUXO DE LOJA		25 MIL/30	833		25 MIL/37	676	
GERAÇÃO DE CAIXA		177	R$ 5 MIL		R$ 15,7 MIL	424	
CUSTO FINANCEIRO			R$ 4 MIL			R$ 3 MIL	
SALDO DE CAIXA			R$ 1 MIL			R$ 12,7 MIL	
Aumentando em **10X** o resultado							

Figura 15: Exemplo de Matriz de Simulação de Impactos

No exemplo hipotético da figura 15, mostramos o efeito exponencial no saldo de caixa a partir de melhorias em três alavancas:

1 Receita: Aumento de 5% no ticket médio, aumento de 10% no fluxo de loja e redução de 15% no *mix* (itens diferentes) vendido.

2 Custos: Redução de R$1,00 no CMV unitário (Custo da Mercadoria Vendida) e redução de R$1,00 na perda unitária (beneficiados pela revisão do *mix*)

3 Despesas Financeiras: Redução do custo financeiro mensal (redução da Necessidade de Capital de Giro-NCG) de R$4.000,00 para R$3.000,00.

Impacto no Valor Agregado (Receita – CMV): O valor agregado unitário sobe de R$30,00 para R$37,00 ou, em termos absolutos, há um aumento de R$30.000,00 para R$40.700,00.

Impacto no ponto de equilíbrio: Com a premissa de manutenção dos "Outros Custos, gastos e despesas", podemos perceber que precisamos de 676 clientes (R$25.000,00 de despesas fixas / R$37,00 de valor agregado por unidade vendida) para empatar (Receitas = Custos + Despesas), comparado aos 833 clientes (R$25.000,00 de despesas fixas / R$30,00 de valor agregado por unidade vendida) do cenário base.

Impacto na geração de caixa: A geração de caixa sobe de R$5.000,00 para R$15.700,00. Em termos de clientes, antes sobravam 177 clientes para agregar valor e agora eles são 424 (efeito da redução do ponto de equilíbrio).

Impacto no saldo de caixa: Considerando a melhoria da geração de caixa explicada no item anterior e deduzindo a despesa financeira, houve uma melhoria de 12,7 vezes, saindo de R$1.000 para R$12.700,00.

Conclusão: Em função de pequenas melhorias nos processos de Receita, Custos e Despesas, conseguimos um impacto exponencial no saldo de caixa da empresa.

3.3 Vantagens competitivas

Ao elaborar o plano estratégico, as organizações buscam formas de criar vantagens competitivas perante seus concorrentes. A vantagem competitiva é uma questão binária (zero ou um) e se dá por 2 caminhos.

De acordo com a figura 16, extraída do livro *De zero a um: o que aprender sobre empreendedorismo com o Vale do Silício*, o primeiro caminho consiste na inovação. Ele garante que a empresa gere um fluxo de caixa superior aos concorrentes por pelos menos 5 anos.

O segundo caminho é o da globalização: copiar e transferir as melhores práticas das empresas inovadoras. Este também gera vantagem competitiva, porém o impacto no fluxo de caixa normalmente é inferior ao da empresa inovadora.

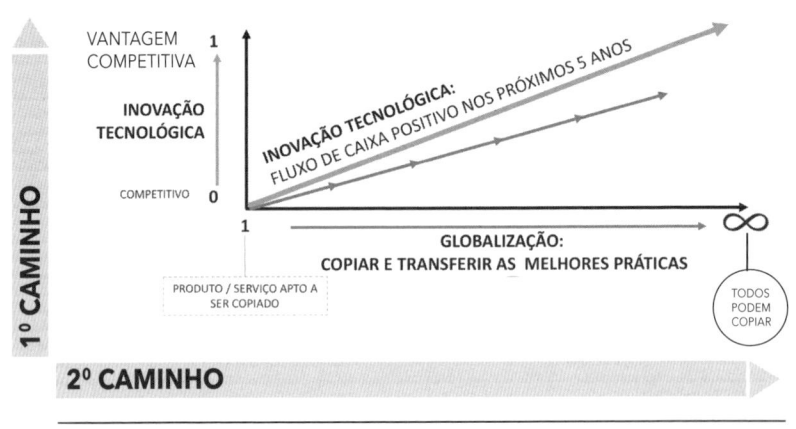

Figura 16: Os 2 caminhos da vantagem competitiva

3.3.1 Inovação

Considerado um dos pais das Teorias da Inovação, Christensen (2012) afirma que as empresas praticam basicamente 3 formas de inovação: disruptiva, de eficiência ou sustentável.

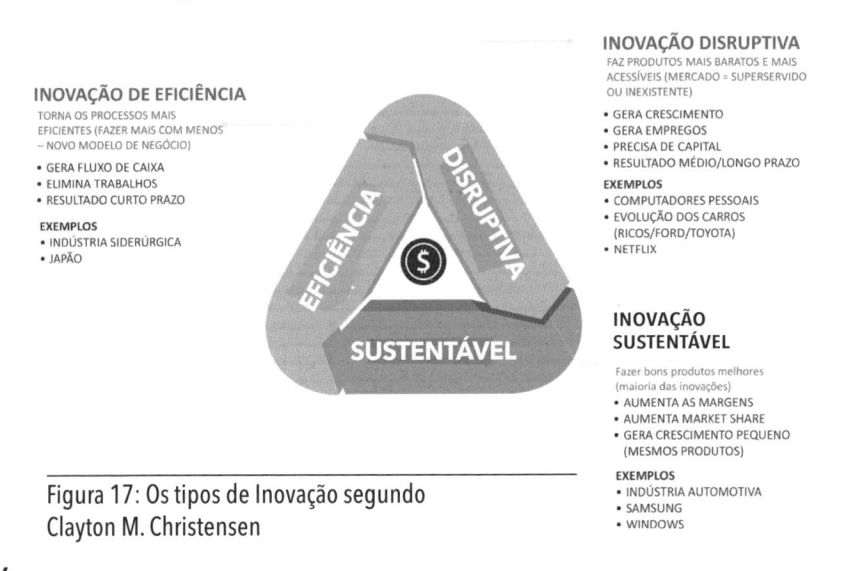

INOVAÇÃO DE EFICIÊNCIA
TORNA OS PROCESSOS MAIS EFICIENTES (FAZER MAIS COM MENOS – NOVO MODELO DE NEGÓCIO)
- GERA FLUXO DE CAIXA
- ELIMINA TRABALHOS
- RESULTADO CURTO PRAZO

EXEMPLOS
- INDÚSTRIA SIDERÚRGICA
- JAPÃO

INOVAÇÃO DISRUPTIVA
FAZ PRODUTOS MAIS BARATOS E MAIS ACESSÍVEIS (MERCADO = SUPERSERVIDO OU INEXISTENTE)
- GERA CRESCIMENTO
- GERA EMPREGOS
- PRECISA DE CAPITAL
- RESULTADO MÉDIO/LONGO PRAZO

EXEMPLOS
- COMPUTADORES PESSOAIS
- EVOLUÇÃO DOS CARROS (RICOS/FORD/TOYOTA)
- NETFLIX

INOVAÇÃO SUSTENTÁVEL
Fazer bons produtos melhores (maioria das inovações)
- AUMENTA AS MARGENS
- AUMENTA MARKET SHARE
- GERA CRESCIMENTO PEQUENO (MESMOS PRODUTOS)

EXEMPLOS
- INDÚSTRIA AUTOMOTIVA
- SAMSUNG
- WINDOWS

Figura 17: Os tipos de Inovação segundo Clayton M. Christensen

Várias metodologias podem ser usadas para gerenciar a inovação. O Aquila adota um *framework* que prevê 5 grandes etapas:

> **1**. Definição da oportunidade e empatia;
>
> **2**. Geração de ideias;
>
> **3**. Prototipação e validação;
>
> **4**. Implementação e controle;
>
> **5**. Cultura inovadora

Prototipação e validação
- Criação do conceito
- Elaboração de protótipos (MVP)
- Validação de especialistas
- Feedback do usuário
- Matriz de Risco (É real? podemos vencer? Vale a pena fazer? Alinhado?)
- Iteração dos protótipos

Implementação e controle
- Implantação da metodologia ágil
- Definição dos indicadores de controle ao longo do tempo
- Acompanhamento das entregas (sprints) e resultados

Geração de ideias
- Processo formal de geração de ideias (Foco na oportunidade)
- Técnicas de brainstormming
- Agrupamento e filtragem das ideias

Cultura Inovadora
- Investimento em inovação
- Papéis de inovação na empresa (personas)
- Processo de tomada de decisão
- Gestão de mudança

Definição da oportunidade e empatia
- Definição dos temas estratégicos (visão, economia, tendências, etc...)
- Quais indicadores precisamos melhorar 10x?
- Formação de times de inovação
- Análise das tarefas (O que será executado, resultados, empecilhos, tarefas complementares)
- Busca de informações (internas, concorrentes, tendências)
- Oportunidade definida

Framework Inovação Aquila

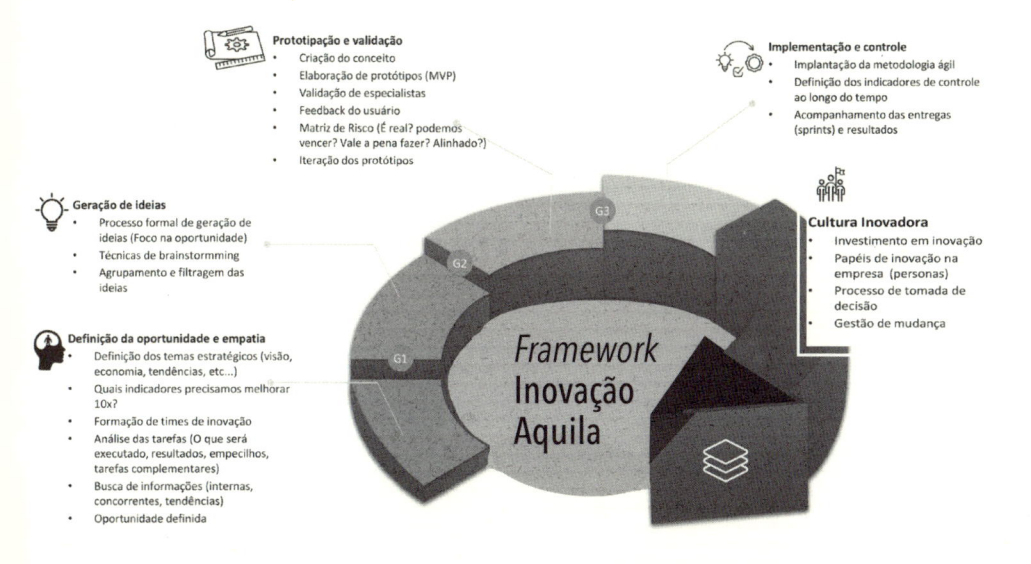

Figura 18: Exemplo de *Framework* de Inovação

Ainda na análise da inovação, o Aquila aplica um Diagnóstico de Inovação nas organizações, avaliando os 5 pilares abaixo apresentados.

65

NOVO DIAGNÓSTICO DA MATURIDADE EM GESTÃO

DEFINIÇÃO DA OPORTUNIDADE E EMPATIA

EXISTE O PROCESSO DE INOVAÇÃO NA EMPRESA?

- Entendimento das tarefas a serem executadas — 11%
- Entendimento do perfil do cliente (Observação, engajamento e inferência) — 20%
- Busca de informações (internas, concorrentes, tendências) — 10%
- Síntese e descoberta de padrões — 9%
- Formalização do problema e definição do foco — 17%

GERAÇÃO DE IDEIAS

COMO É O NOSSO PROCESSO DE IDEALIZAÇÃO ?

- Sistema de gestão de ideias — 9%
- Técnicas de brainstormming — 13%
- Filtragem de ideias — 12%
- Alinhamento e clareza das ideias — 19%

PROTOTIPAÇÃO E VALIDAÇÃO

EXISTE UM *framework* ESPECIFICO PARA ESTES PROJETOS ?

- Processo de elaboração de conceitos e protótipos — 17%
- Validação interna — 15%
- Feedback externo (clientes / especialistas) — 10%
- Processo de evolução dos protótipos — 22%

IMPLEMENTAÇÃO E CONTROLE

COMO MONITORAMOS O PROCESSO DA INOVAÇÃO ?

- Plano de implementação — 9%
- Acompanhamento dos indicadores de inovação — 13%
- Acompanhamento dos indicadores financeiros — 12%
- Avaliação do mercado, competitividadade, retorno e alinhamento com a visão — 19%

CULTURA INOVADORA

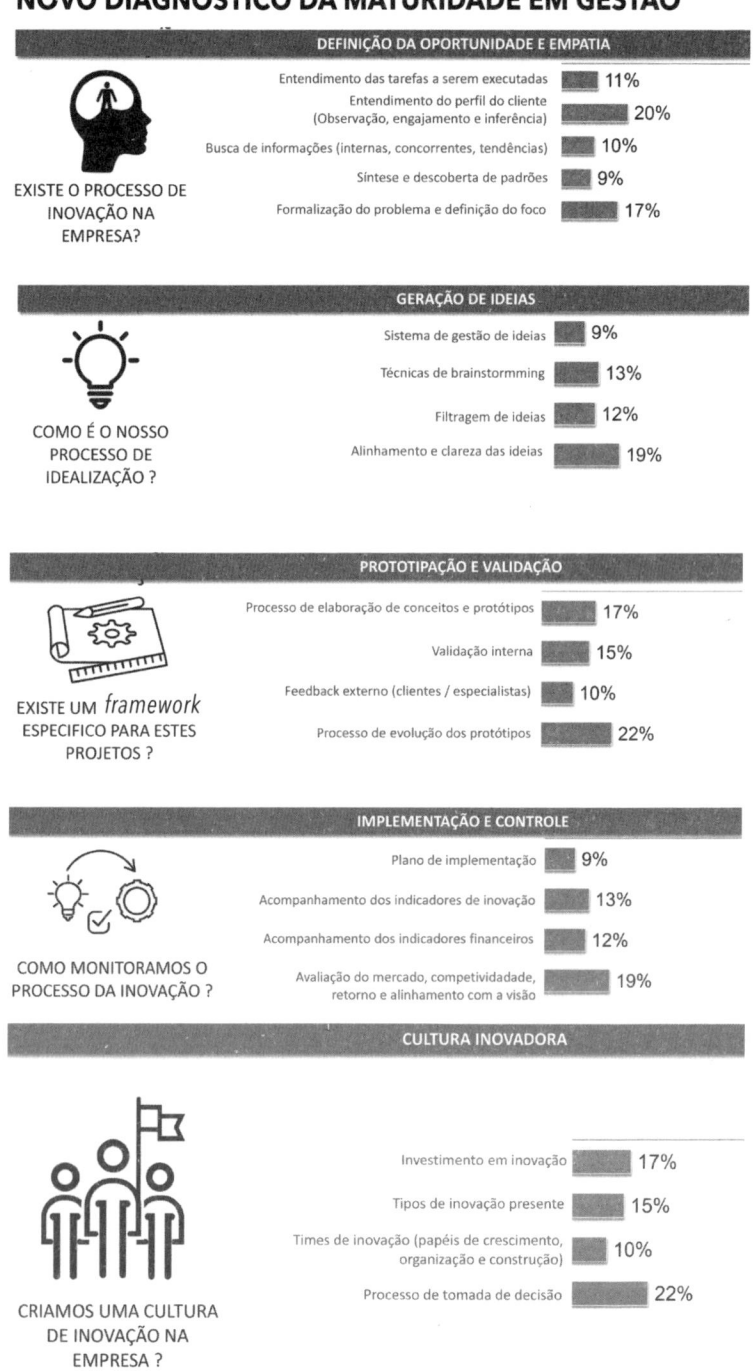

CRIAMOS UMA CULTURA DE INOVAÇÃO NA EMPRESA ?

- Investimento em inovação — 17%
- Tipos de inovação presente — 15%
- Times de inovação (papéis de crescimento, organização e construção) — 10%
- Processo de tomada de decisão — 22%

Figura 19: Diagnóstico de Inovação Aquila (exemplo hipotético)

3.4 Rumo ao Passo 4

Uma vez lançada a Ambição (Passo 1) da organização para os próximos 3 a 5 anos e estruturada a sua Governança (Passo 2) para alcançá-la, no Passo 3 (Evidências) buscamos analisar detalhadamente todos os aspectos que influenciam nos resultados da organização e, assim, avaliar os caminhos para alcançar a ambição.

Passamos pela análise dos *stakeholders* e pelo interesse de cada um deles para se manter no sistema, analisamos a cadeia de valor e seus diferenciais, refletimos sobre a força da marca, as vantagens que ela oferece e explicamos a análise do mercado e das vantagens competitivas.

A esta altura, precisamos concluir se temos bons fundamentos estabelecidos para alcançar a ambição e seguir rumo ao Passo 4 (Produtividade), no qual detalharemos quais serão as entregas do plano estratégico e qual será o foco do trabalho.

PASSO 4
PRODUTIVIDADE
O QUE SERÁ PRODUZIDO E QUAL SERÁ O FOCO DO TRABALHO?

Quando alcançamos o Passo 4, já temos definidas:
- A Ambição da organização para o horizonte de 3 a 5 anos;
- A Governança para alcançar a Ambição;
- As Evidências estudadas e analisadas que sustentam a Ambição.

Dessa forma, o foco do Passo 4 é decidir o que será entregue e qual será o foco do trabalho. É nesse momento que se definem todos os entregáveis do plano estratégico, tais como os projetos e as metas estruturais e os programas de formação dos colaboradores.

4.1 Plano de voo estratégico

O plano de voo estratégico é um painel que contém os objetivos estratégicos da organização. Ele contempla os objetivos de melhoria dos negócios atuais, as novas frentes de atuação da empresa, os movimentos estratégicos e as iniciativas de P&D[19]. É um resumo do plano estratégico que permite comunicar a todos os *stakeholders*, de maneira sucinta, aonde se pretende chegar.

Ele permite enxergar, numa única imagem, quais são os grandes objetivos que a organização irá trabalhar, cujas iniciativas estratégicas serão detalhadas nos passos seguintes.

---

[19] Pesquisa e Desenvolvimento.

MOVIMENTO ESTRATÉGICO	I1 – Fusões e Aquisições no mesmo segmento de negócio
	I2 – Desenvolver Alianças Estratégicas
	I3 – Expansão das unidades produtivas
MELHORIA DOS NEGÓCIOS EXISTENTES	I4 – Revisão de Estrutura Organizacional
	I5 – Incorporação de novas tecnologias e automação
	I9 – Novos Canais de Vendas
NOVAS FRENTES	I6 – Desenvolver Foodservice em outros países
PESQUISA E DESENVOLVIMENTO (P&D)	I7 – Melhorias na embalagem secundária
	I8 – Estudo de novas aplicações para a matéria prima
	I10 – Novas Tecnologias Produtivas

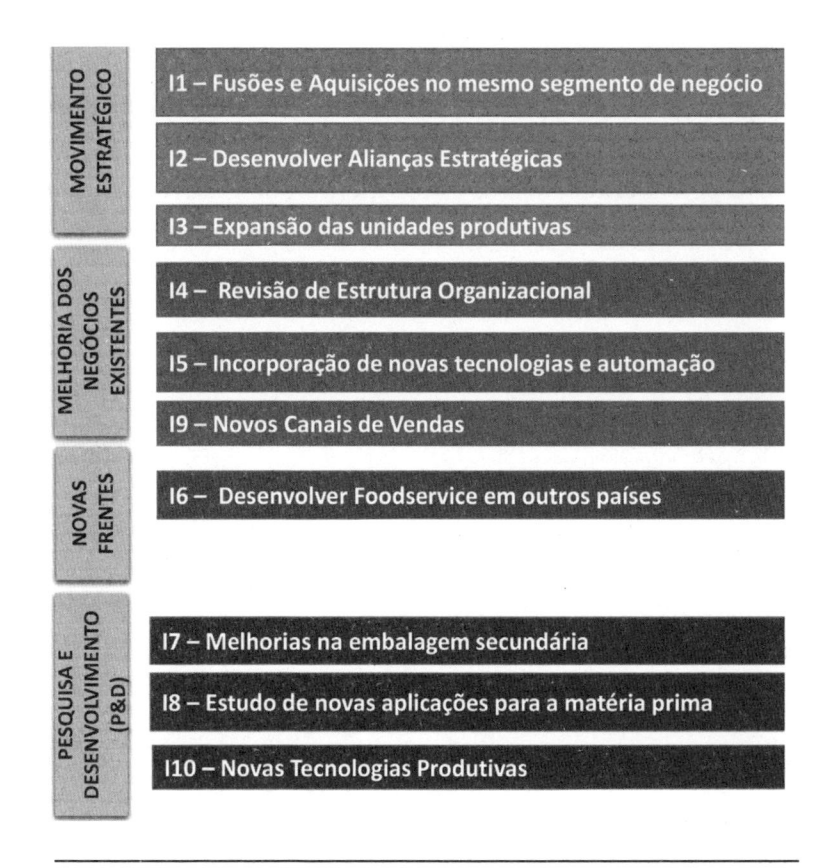

Figura 20: Exemplo de Plano de Voo Estratégico

4.2 Iniciativas estratégicas

A partir dos objetivos do plano de voo estratégico, a organização deve estabelecer as iniciativas estratégicas (o como) que os sustentarão. Os objetivos têm um caráter de ação, de mudança e uma métrica de impacto. Serão posteriormente transformados em projetos estruturais ou em metas estratégicas.

As iniciativas estratégicas devem ser capazes de produzir um aumento substancial na receita da organização. Seja por meio de novos produtos, novos mercados, maior volume, maior preço ou melhor *mix*. É preciso encantar os clientes e fortalecer a marca (a qual melhora minha imagem perante os clientes e concorrentes e aumenta a minha credibilidade junto a fornecedores e colaboradores). Somente assim é possível alcançar o crescimento sustentável do negócio. A melhoria da receita traz consigo impactos positivos em todos os demais indicadores da DRE.

Exemplos de Iniciativas Estratégicas
Novos Negócios
Estruturação de Parcerias Estratégicas
Excelência Comercial
Expansão Regional
Expansão Internacional
Abertura de Capital
Inovação
Aumento de produção
Gestão de Produtividade
Melhoria da Eficiência dos Ativos (OEE)
Otimização de gastos
Formação de Líderes
Gestão de Ativos

Figura 20: Exemplos de Iniciativas Estratégicas para diferentes segmentos de negócio

4.3 Matriz de correlação

Uma vez estabelecidas as iniciativas, cabe aos gestores da organização fazer análises de correlação. Normalmente, elas contemplam pelo menos 3 visões:

- Correlação Iniciativas Estratégicas X Processos de Negócio;
- Correlação Iniciativas Estratégicas X Processos Financeiros;
- Correlação Iniciativas Estratégicas X Projetos em andamento.

4.3.1 Correlação Iniciativas Estratégicas X Processos de Negócio

(Compras, Produção, Vendas, Financeiro, Administração)

Nesta matriz da figura 21 são analisadas as relações entre as iniciativas estratégicas, representadas nas colunas, e os macroprocessos (os finalísticos e os de suporte), representados nas linhas. Onde a correlação for média ou alta, sugere-se que sejam definidas metas para o gestor responsável, uma vez que os processos já estabelecidos são capazes de absorver a iniciativa proposta.

Processos de Negócio			Iniciativas Estratégicas	Iniciativa 1	Iniciativa 2	Iniciativa 3	Iniciativa 4	Iniciativa 5
Processos Finalísticos	1.	Comercial		▼	▲	▼	▲	▶
	2.	Processos Operacionais		▶	▶	▶	▼	▼
	3.	Processos de Compras		▶	▼	▶	▼	▲
	4.	Processos Logísticos		▶	▲	▶	▲	▼
Processos Suporte	5.	Processos Financeiros		▼	▶	▲	▼	▲
	6.	Gestão de Pessoas		▶	▼	▶	▲	▼
	7.	Processos de TI		▼	▶	▲	▼	▼
	8.	Processos Jurídicos		▶	▼	▶	▶	▼
	9.	Comunicação		▲	▼	▶	▶	▲

Correlação: ▲ FORTE ▶ MODERADA ▼ FRACA

Figura 21: Matriz de Correlação Iniciativas Estratégicas X Processos de Negócio

4.3.2 Correlação Iniciativas Estratégicas X Processos Financeiros
(Receita, Custos, Despesas e Capital Empregado)

Aqui, observam-se as relações entre as iniciativas estratégicas (colunas) e os macroprocessos financeiros da empresa (linhas). Essa matriz é útil para verificar em quais linhas de resultado as iniciativas irão impactar e, assim, testar se elas são suficientes para alcançar a Ambição.

Processos Financeiros	Iniciativas Estratégicas	Iniciativa 1	Iniciativa 2	Iniciativa 3	Iniciativa 4	Iniciativa 5
RECEITA		▲	▲	▶	▶	▼
CPV ou CMV ou CSV*		▼	▲	▼	▲	▶
OUTROS CUSTOS E DESPESAS		▶	▶	▶	▼	▼
CAPITAL EMPREGADO		▶	▼	▶	▼	▲

Correlação: ▲ FORTE   ▶ MODERADA   ▼ FRACA

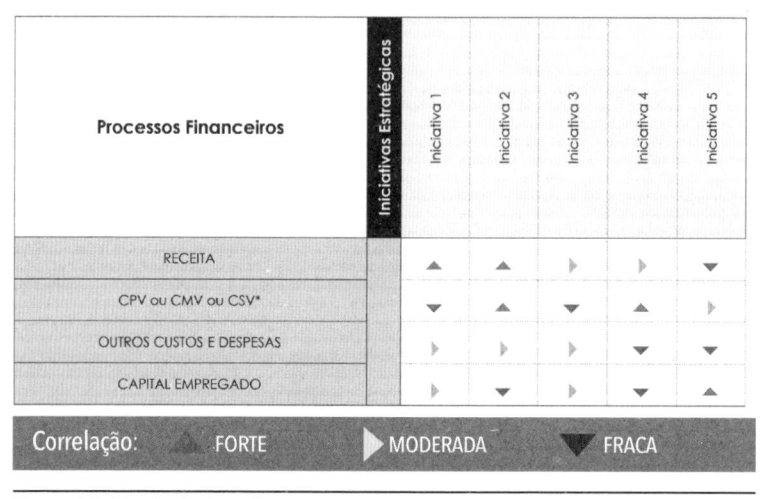

Figura 22: Matriz de Correlação Iniciativas Estratégicas X Processos Financeiros

4.3.3 Correlação Iniciativas Estratégicas X Projetos em andamento

A terceira matriz avalia as relações entre as iniciativas estratégicas (colunas) e os projetos em andamento (linhas). Ela é útil para delimitar escopos de projetos, eliminar do portfólio aqueles que não contribuem para a estratégia e avaliar a contribuição esperada de cada um deles para o fluxo de caixa.

Projetos	Classificação	Responsável	Driver	Iniciativas Estratégicas	Iniciativa 1	Iniciativa 2	Iniciativa 3	Iniciativa 4	Iniciativa 5	Unidade de Medida	2020	2021	2022	2023	2024	KPI
Projeto 1	Gera Melhoria	Nome 1	Aumentar produtividade		▲	▲	▶	▶	▼	R$ MM	1	3	3	6		kpi 1
Projeto 2	Gera Melhoria	Nome 2	Reduzir custos materiais e serviços		▼	▲	▼	▲	▶	R$ MM	1	2	2	1		kpi 2
Projeto 3	Gera Melhoria	Nome 3	Reduzir custos materiais e serviços		▶	▶	▶	▼	▼	R$ MM		1	1	1		kpi 3
Projeto 4	Gera Melhoria	Nome 4	Reduzir custos materiais e serviços		▶	▼	▶	▲	▼	R$ MM						kpi 4
Projeto 5	Gera Melhoria		Melhorar rentabilidade dos ativos		▼	▶	▲	▼	▼	R$ MM	2	4	-1	2		kpi 5
Projeto 6	Gera Melhoria		Fortalecer imagem e reputação		▶	▼	▶	▶	▶	R$ MM						kpi 6
Projeto 7	Gera Melhoria		Garantir o gerenciamento de riscos e compliance		▶	▶	▶	▼	▼	R$ MM						kpi 7
Projeto 8	Manutenção da Operação		Ações de segurança e saúde das pessoas		▶	▼	▶	▲	▼	R$ MM						kpi 8
Projeto 9	Gera Melhoria		Plano estratégico para relacionamento com comunidades		▼	▶	▲	▼	▼	R$ MM						kpi 9
Projeto 10	Gera Melhoria		Maximizar competências		▶	▼	▶	▶	▼	R$ MM						kpi 10
TOTAL GERAL										R$ MM	0	2	5	7	0	

Correlação: ▲ FORTE ▶ MODERADA ▼ FRACA

Figura 23: Matriz de correlação iniciativas estratégicas X projetos em andamento

4.4 Projetos estruturais

Os projetos estruturais devem ser construídos quando houver uma correlação fraca entre as inciativas estratégicas e a operação da empresa (processos de negócio, processos financeiros e projetos em andamento). Logo, é preciso desenvolvê-los a fim de criar mecanismos que sustentem a estratégia.

Após definidos os projetos estruturais, é necessário que cada um deles cumpra as 5 etapas listadas abaixo:

1 - Eleger o líder

Conforme explicado no Capítulo 2, o líder é de fundamental importância para a implementação dos projetos. Ele deve ser o grande condutor de todo o processo, garantindo o engajamento de todos e, consequentemente, o alcance dos resultados.

Precisamos lembrar que a execução de projetos é uma tarefa multidisciplinar, a qual depende do comprometimento de alguns atores. Portanto, o líder deve cobrar e garantir que cada parte execute o que for de sua responsabilidade.

2 - Determinar os indicadores de resultado e indicadores de processo

Nesta etapa, é importante entender quais são os indicadores de resultados (fins) e de processo (meios) que devem ser observados com a implantação dos projetos, garantindo o resultado final esperado.

3 - Definir os investimentos necessários para a execução do projeto

Todos os projetos definidos precisam estar previstos no orçamento anual da companhia e devem ser tratados como um investimento. É preciso garantir que a verba destinada para um projeto seja utilizada exclusivamente para esse fim, bem como garantir ao acionista o retorno sobre o investimento realizado.

4 - Elaborar um cronograma

Um projeto necessariamente precisa de datas para início e fim de sua execução. O cronograma é um item indispensável para garantir um acompanhamento eficaz de cada entrega.

Deve ser construído no início do projeto e acompanhado sistematicamente por meio dos Rituais de Gestão mensais (etapa 5).

5 - Garantir o acompanhamento (Disciplina)

É preciso executar o cronograma com foco e disciplina!

O acompanhamento mensal da execução do projeto, ou até mesmo semanal, quando necessário, é um fator crítico de sucesso para o alcance dos resultados almejados. Denominamos esses acompanhamentos de Rituais de Gestão.

Conforme citamos, 90% das estratégias falham em função da baixa implementação. Logo, a disciplina dos Rituais garante um acompanhamento sistematizado da execução do projeto e dos seus indicadores, bem como a correção dos desvios em tempo real, quando estes ocorrerem.

Essa etapa será mais bem detalhada no Passo 6 – Disciplina.

4.5 Book de Metas

Quando a correlação entre as iniciativas estratégicas e a operação (processos de negócio, processos financeiros e projetos em andamento) for média ou alta, estabelecem-se metas.

As metas são de fundamental importância para alinhar corretamente as responsabilidades. Isso garante o foco em resultados melhores para a organização e a aplicação da meritocracia, sendo, portanto, a base para o alinhamento de incentivos.

4.5.1 Tipos de metas

Existem 3 tipos de metas, conforme explicamos a seguir:

1 Metas de esforço próprio: envolvem inovação e melhoria estrutural e são conduzidas pelo próprio gestor. Elas respondem a perguntas como: *qual indicador preciso melhorar em até 10 vezes?*

2 Metas de equipe: são aquelas que garantem a entrega do orçamento contratado. São conduzidas pela equipe sob responsabilidade do gestor. Dizem respeito a afirmações do tipo: o orçamento já foi contratado e precisa ser entregue pela equipe.

3 Metas de influência: são estabelecidas nos processos estruturais para evitar metas contraditórias. Elas são alcançadas por meio do esforço combinado entre diferentes áreas.

A figura abaixo traz exemplos de cada um dos tipos de metas:

Tipos de Metas

Esforço Próprio	Metas de Equipe	Metas de Influência

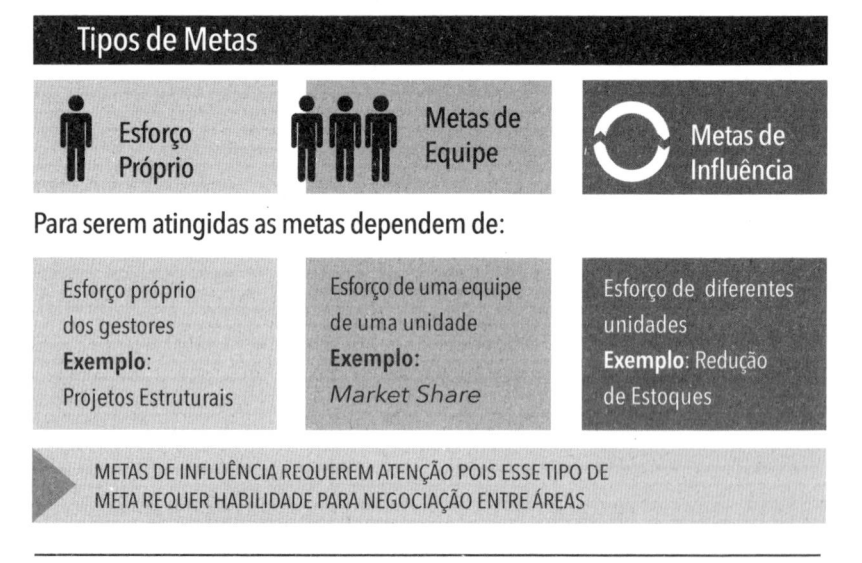

Para serem atingidas as metas dependem de:

Esforço próprio dos gestores **Exemplo:** Projetos Estruturais	Esforço de uma equipe de uma unidade **Exemplo:** *Market Share*	Esforço de diferentes unidades **Exemplo:** Redução de Estoques

▶ METAS DE INFLUÊNCIA REQUEREM ATENÇÃO POIS ESSE TIPO DE META REQUER HABILIDADE PARA NEGOCIAÇÃO ENTRE ÁREAS

Figura 24: Tipos de Metas

4.5.2 Implementando o Book

O Book é a consolidação das metas dos gestores da empresa. Primeiramente, é preciso ter em mente que cada pessoa deve ter entre 5 e 8 metas, para não perder o foco e não dissipar a sua energia com vários assuntos ao mesmo tempo.

Além disso, as metas precisam ter os seus pesos definidos, o que influencia o tempo de dedicação do gestor para o alcance de cada uma delas. É importante destacar também no Book qual é o tipo da meta (esforço próprio, equipe ou influência).

Veja abaixo, uma figura que ilustra um Book de Metas:

BOOK DE METAS

Objetivo	Melhor	Unidade	Tipo	Real	Meta	Desvio	Farol	Gráfico	PA	Peso
Acionistas										
▶ Assertividade do Prognóstico	↑	%	👥	0,0	0,0	-100,0%	●	📊	📅	10%
Capital de Giro / ROL	↑	%	👤	25,3	23,5	7,3%	●	📊	📅	10%
Despesas Comerciais	↓	R$/mil	👤	2.001	2.132	-6%	●	📊	📅	10%
▶ Margem Ebitda	↑	%	👤	2,3	4,3	-47,7%	○	📊	📅	50%
Market Share Distribuição INDA	↑	%	👤	0,0	12,2	-100,0%	●	📊	📅	10%
Market Share Tubos ABITAM	↑	%	👤	0,0	15,4	-100,0%	●	📊	📅	10%

Figura 25: Exemplo de Book de Metas

Por fim, é preciso garantir que haja a formalização do Book com toda a companhia, garantindo a efetivação dos 3 pontos a seguir:

1 - Metas validadas, assinadas e publicadas;
2 - Normas da empresa claramente definidas;
3 - Colaboradores treinados para compreender quais são os critérios para apuração dos resultados.

Além disso, vale destacar que, para futura apuração e alinhamento das metas com o programa de incentivos, devem-se estabelecer os níveis de 1 a 5 relacionados ao alcance de resultados:

Nível 1 Desvio de até 10% em relação à meta
Nível 2 Desvio de até 5% em relação à meta
Nível 3 Alcance da meta estabelecida no orçamento
Nível 4 Superação da meta em até 20%
Nível 5 Superação da meta em mais de 20%

O desejável é que a empresa esteja operando nos níveis 4 e 5, ou seja, produzindo resultados extraordinários e antecipando exercícios futuros!

PASSO 5
QUALIDADE TÉCNICA
NOSSO TIME É CAPAZ?

Este passo consiste em olharmos para dentro da organização e dedicarmos atenção para as pessoas que trabalham nela, incluindo as lideranças e as equipes operacionais. Vamos analisar se elas são capazes de implementar a Ambição traduzida em projetos, planos e metas, todos devidamente detalhados no Passo 4 – Produtividade.

O Aquila possui um método próprio para essa análise. Ele está traduzido em faixas de maturidade de gestão, fator de competitividade, avaliação de desempenho e *startups* operacionais.

A maturidade de gestão diz respeito à capacidade da empresa de melhorar e manter resultados, à forma como ela se estrutura e ao grau de saúde dos seus processos, momento em que observamos a existência de desconexões, disfunções e/ou desperdícios.

No livro *Formação de Gestores: criando as bases de gestão*, Godoy e Bessas (2018, p. 48) definem os 3Ds da seguinte forma:

> • **"Desperdício** – São todos os tipos de perdas. São atividades que consomem recursos, porém não geram valor ao cliente.
> • **Desconexão** – Uma desconexão significa uma incoerência no sistema ou no processo. Nesse sentido, podemos afirmar que a alta variabilidade do processo é uma desconexão.
> • **Disfunção** – Cada indivíduo deve ter uma função clara dentro da organização. Se ele realiza tarefas que não são de sua responsabilidade, significa que está deixando de fazer algo que deveria estar fazendo, ou então, que a função original apresenta, em algum grau, tempo ocioso, ou, como última hipótese, que o indivíduo está sobrecarregado."

O fator de competitividade é o potencial da organização de agregar valor comparando o tempo dos colaboradores dedicado às tarefas e o quanto eles realmente estão produzindo.

Além disso, trazemos o conceito de avaliação de desempenho como uma ferramenta para manter e melhorar resultados.

E, por fim, apresentamos as *startups* operacionais, que são as equipes multifuncionais focadas para a implementação da estratégia.

5.1 Maturidade de Gestão

Assim como nas artes marciais, as faixas são divididas em 5 ca-tegorias e cada uma delas representa um nível de maturidade de gestão.

Figura 26: Faixas de Maturidade de Gestão

Faixa Branca

Este é o estágio inicial para a maturidade. A empresa está preparando suas bases de gestão e desenvolvendo algumas rotinas. Geralmente, as companhias não têm um padrão definido, nem processos bem desenhados. Neste momento, ainda não avaliamos as pessoas e as suas competências. É uma análise concentrada em termos de gestão.

Olhamos para a organização em um formato de "caixas" verticalmente posicionadas. A partir de então, definimos as responsabilidades e a forma de medir as entregas de cada uma das áreas, estabelecendo indicadores e metas.

Faixa Amarela

Neste estágio já é possível realizar uma análise horizontal da empresa. Observamos, de forma integrada, como os processos atuam interfuncionalmente entre as áreas até chegar à etapa do cliente final. É quando o controle dos processos começa a ser desenvolvido.

Faixa Verde

Aqui, é possível estabelecer um controle estatístico dos pro-cessos. Isso significa definir metas e seus desdobramentos de forma integrada, com variabilidade de resultados, aplicando ferramentas mais robustas de gestão, como o desenvolvimento de matriz de pro-cessos, *benchmarks*, etc.

Faixa Marrom

Com a organização internamente estruturada, a Faixa Marrom marca o momento em que se inicia o olhar para fora da empresa, observando toda a cadeia de valor (citada no Passo 3 - Evidências), desde o fornecedor até o cliente, o *market share*, etc.

Faixa Preta

Este grau de gestão empresarial é marcado pela alta velocidade, gerenciamento interfuncional e integração completa de todos os processos. É onde estão as organizações avançadas, com diversas áreas de conhecimento e que trabalham problemas complexos, compatíveis com o seu nível de maturidade. São as empresas de classe mundial, ou seja, as referências para o setor, ditando as práticas de gestão para aquele segmento.

É importante ressaltar que nem sempre a empresa precisa ser faixa preta. Se ela estiver uma faixa acima dos concorrentes, já tem um salto de maturidade em relação às outras empresas do setor.

5.1.1 Diagnóstico de Maturidade de Gestão

Vimos que a maturidade de gestão está relacionada à capacidade da empresa de melhorar e manter resultados.

Assim, para avaliar as empresas sob o ponto de vista das faixas, consideramos 12 pontos: 7 deles dizem respeito à gestão de melhoria e à visão de futuro (como a empresa se organiza partindo do ponto onde está para produzir algo melhor) e 5 pontos são referentes à qualidade total e à manutenção da melhoria (como a organização sustenta o resultado em termos de padrões e de estabilidade operacional).

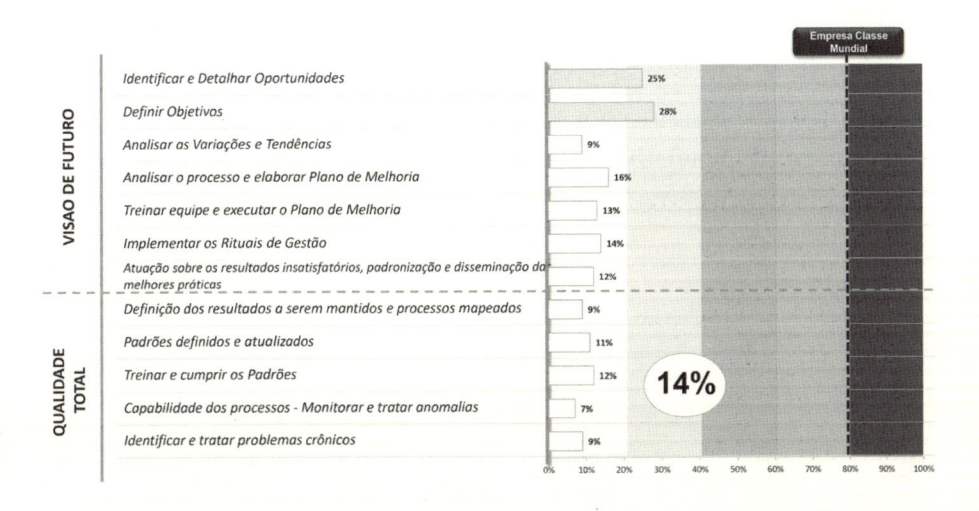

Figura 27: Diagnóstico de Maturidade de Gestão

Percebemos que algumas empresas se organizam para melhorar, mas não conseguem manter o novo padrão. O sucesso da gestão depende da combinação dessas duas capacidades.

Na prática, a maturidade de gestão significa a possibilidade de melhorar. Na faixa branca, por exemplo, a maioria ou todos os números analisados terão oportunidades de melhoria. Por conta da baixa capacidade de implantação da empresa relativa ao seu nível de maturidade, projetamos uma meta menos ousada.

Dessa forma, avançar nas faixas de maturidade significa produzir resultados melhores. Se uma área Comercial migra da faixa amarela para a faixa verde, ela deve vender mais e melhor, ou seja, entregar mais margem. Se uma área Industrial avança da faixa branca para a faixa amarela ou verde, ela deve perder menos, produzir com mais eficiência, gastar menos com manutenção. A avaliação da maturidade de gestão das empresas é sempre traduzida em resultados práticos.

Assim, podemos dizer que a Qualidade técnica está relacionada ao nível de resultados que esperamos das pessoas em cada fai-xa de maturidade de gestão.

Como pode ser observado na figura 28, consideramos que as pessoas trabalham interdependentemente com processos e tecnologias. Dessa forma, elas podem agregar valor (quando possuem um mindset de crescimento, de construir algo) ou destruir valor (quando atuam com um mindset fixo, são resistentes e não querem mudanças). Nesse último caso, não adianta investir em tecnologia e processos.

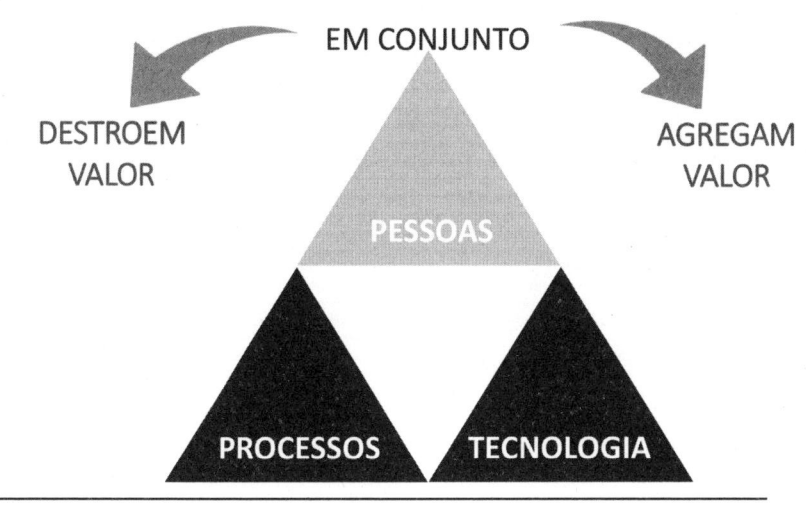

Figura 28: Os pilares da Vantagem Competitiva

Os PROCESSOS dizem respeito a como organizamos e gerenciamos o conjunto de atividades inter-relacionadas que percorrem as diferentes áreas da empresa.

A TECNOLOGIA diz respeito a como a gestão da organização, por meio de sistemas e ferramentas tecnológicas, contribui para a manutenção e para a melhoria dos resultados empresariais (metas, processos, rituais, padrões e recompensas)."

Ao analisar os pilares da vantagem competitiva em busca de melhorias da Qualidade Técnica, buscaremos mapear e tratar os 3Ds: Disfunções, Desconexões e Desperdícios.

No pilar PESSOAS, encontraremos as disfunções. A disfunção acontece, por exemplo, quando um colaborador é contratado como gerente, mas está realizando a função de supervisor. Outro é contratado para a área de Recursos Humanos, mas executa atividades do Financeiro. Isso significa que aquela função não está clara na organização. A disfunção perturba o sistema ao indicar que o colaborador pode estar deixando de fazer algo que deveria estar fazendo, que está sobrecarregado ou que a função original apresenta tempo ocioso.

Nos pilares PROCESSOS e TECNOLOGIA, analisamos as desconexões. A desconexão ocorre quando uma área deve realizar uma entrega para outra, mas o faz com defeito ou fora do prazo, entrega faltando ou não entrega. Dessa forma, trata-se de uma incoerência no sistema ou processo. O desperdício pode ser exemplificado com as situações que prejudicam os processos. São as atividades que não funcionam e não agregam valor. Pelo contrário, geram retrabalhos.

Conforme a metodologia Lean , são 7 os tipos de desperdício:

1- Transporte (movimentos que não agregam valor ao produto),
2- Espera (tempo não utilizado),
3- Excesso de produção,
4- Defeitos,
5- Estoque,
6- Movimentação (qualquer uma que não agregue valor ao processo),
7- Processamento extra (trabalho além do necessário).

Assim, esses são os 3 pilares interdependentes que geram vantagem competitiva ao negócio.

5.2 Fator de Competitividade

Este é um conceito que traduz a competitividade em termos numéricos com um indicador. O fator de competitividade foi desenvolvido pelo Aquila para abordar, de forma quantitativa, os efeitos da maturidade de gestão das organizações e a sua competitividade por meio de uma análise comparativa do custo nominal (o custo aparente, planejado, imaginado) *versus* o custo real. A fórmula incorpora todas as ineficiências dos processos e das pessoas que os executam.

O cálculo do fator de competitividade, conforme exemplificado na figura 29, considera o custo nominal, R$ 12 MM por ano (valor que aparece na DRE[21] e está registrado na contabilidade, considerando

---

21 Demonstração do Resultado do Exercício. Relatório contábil que detalha os valores de receitas, custos, despesas, lucros e impostos de uma empresa.

salários mais encargos), divido pelas horas contratadas (116.160 horas: 55 pessoas trabalhando 176 horas por mês, por 12 meses). Logo, custo da hora contratada no exemplo apresentado é **R$ 103,00 por hora**.

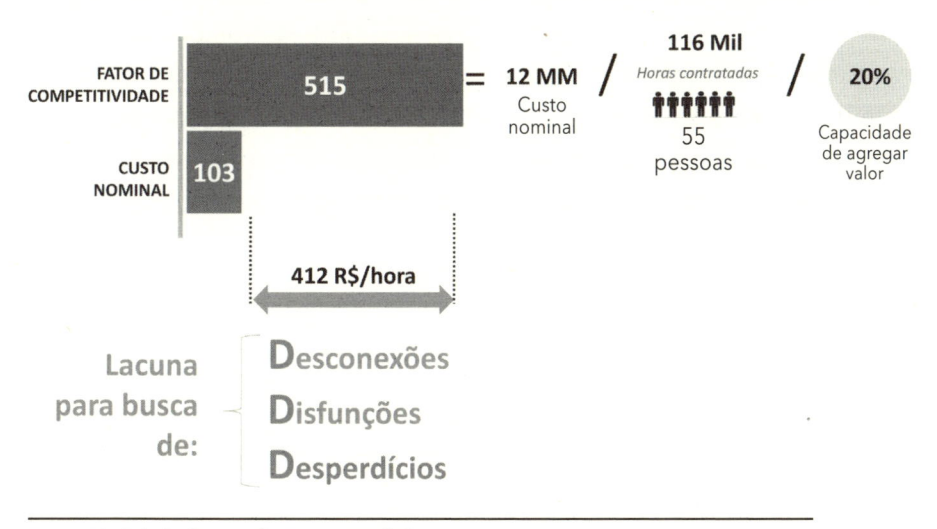

```
FATOR DE            515        =  12 MM    /  116 Mil           /  20%
COMPETITIVIDADE                   Custo       Horas contratadas
                                  nominal    👥👥👥👥👥👥
CUSTO              103                        55                   Capacidade
NOMINAL                                       pessoas              de agregar
                                                                   valor

                 412 R$/hora

Lacuna           Desconexões
para busca       Disfunções
de:              Desperdícios
```

Figura 29: Cálculo do Fator de Competitividade

Conforme o nível de maturidade de gestão da empresa, ou seja, da sua capacidade de agregar valor, percebemos que grande parte do tempo dessas pessoas é desperdiçado: seja porque estão fa-zendo algo que não agrega valor ou retrabalhos (desconexão), seja porque estão ociosas ou exercendo uma função que não é delas (disfunção). Por isso, o denominador do cálculo é a maturidade de gestão ou a capa-cidade de agregar valor.

Suponhamos que após o diagnóstico, a maturidade de gestão encontrada na empresa foi de 20%. O resultado aponta que apenas 20% do tempo estão sendo utilizados de forma eficiente. Essa taxa de aproveitamento de tempo indica que a empresa está na faixa branca.

Dessa forma, qual seria o fator de competitividade?

O fator de competitividade é encontrado quando dividimos

o custo nominal (R$ 103,00/hora) pela capacidade de agregar valor. Logo, ele seria **R$ 515,00/hora.**

De acordo com o apresentado, para aproximar o fator de competitividade do custo nominal contratado, é preciso combater as disfunções, desconexões e desperdícios, os quais são os obstáculos invisíveis que dificultam a empresa a obter os resultados desejados (já explicados no início deste capítulo). Para tanto, ao combater os 3Ds, a empresa automaticamente avança nas faixas, aumentando a sua capacidade de agregar valor e, consequentemente, se distanciando de seus concorrentes.

Qual a importância estrutural disso?

A empresa, ao avançar nas faixas, consegue encantar seus clientes com produtos e serviços inovadores e aumentar seu resultado.

Nomeamos essa reflexão de desafio da empresa: se eu cobrar meu fator de competitividade, ninguém paga. Por outro lado, se eu cobrar meu custo nominal, não remunero meu serviço, já que existem enormes desperdícios. É sempre um dilema. Por isso, temos que trabalhar para sempre melhorar esse indicador.

O fator de competitividade é um assunto que está diretamente relacionado com esta obra, pois estamos falando de ambição, metas e projetos estruturais. A pergunta que fica é: *Se a minha empresa tem um fator de competitividade distante do custo nominal contratado, como posso esperar que a ambição seja alcançada?*

5.3 Análise de Desempenho

Este tópico diz respeito à forma como avaliamos pessoas.

A meritocracia é uma forma de avaliação com análise objetiva praticada no contexto organizacional. O conceito prevê que as pessoas sejam avaliadas pelos seus resultados, que permeiam um crescimento na carreira e na organização em função daquilo que entregam. Todas os colaboradores têm seu desempenho avaliado por métricas. É o que permite uma avaliação objetiva para a gerência e para a diretoria de quem será promovido, por exemplo.

Abordado no Passo 4, o Book de Metas contribui para a avaliação com base na meritocracia. A ferramenta dá transparência para a forma com que as pessoas estão sendo avaliadas, seja para uma promoção, um reajuste salarial ou para o recebimento de um prêmio anual.

De acordo com o Book de Metas, os graus de entrega de resultados são:

> **Notas 1 e 2:** recomenda-se aplicar a política de consequências, a qual direciona ações de melhoria e capacitação de pessoas, como treinamentos, mudança de área, *coaching, mentoring*, etc.
> **Notas 3, 4 e 5:** as pessoas ganham os bônus esperados. Tais incentivos devem ser definidos com a área de Recursos Humanos no orçamento do ano anterior.

O plano de incentivos encerra essa etapa do plano estratégico com a previsão da remuneração variável (participação nos lucros, bônus, distribuição de ações) em função dos resultados obtidos. Consiste em fator motivacional importante para a busca dos objetivos e um dos meios de exercício da meritocracia.

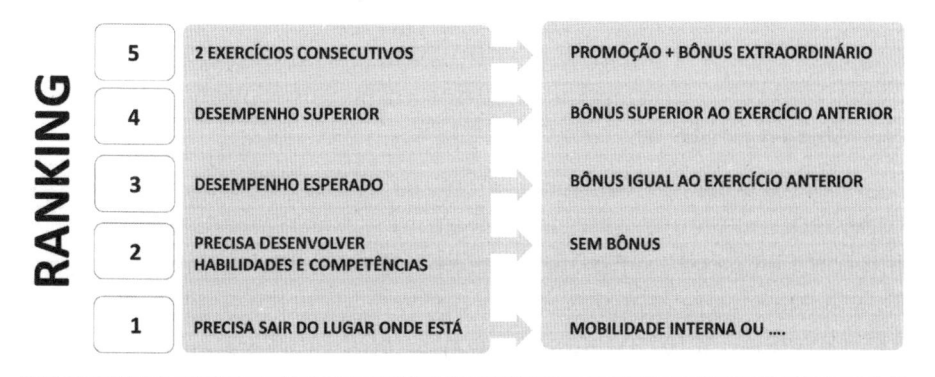

RANKING		
5	2 EXERCÍCIOS CONSECUTIVOS	PROMOÇÃO + BÔNUS EXTRAORDINÁRIO
4	DESEMPENHO SUPERIOR	BÔNUS SUPERIOR AO EXERCÍCIO ANTERIOR
3	DESEMPENHO ESPERADO	BÔNUS IGUAL AO EXERCÍCIO ANTERIOR
2	PRECISA DESENVOLVER HABILIDADES E COMPETÊNCIAS	SEM BÔNUS
1	PRECISA SAIR DO LUGAR ONDE ESTÁ	MOBILIDADE INTERNA OU ....

Figura 30: Exemplo de faixas para o plano de incentivos

É essencial que o plano de incentivos esteja alinhado com os objetivos estabelecidos no Passo 4. Ou seja, que ele esteja diretamente vinculado à Ambição, traduzida em entregas no book de metas.

Para manter e melhorar resultados, é importante que todas as pessoas se sintam desafiadas. Assim, podemos afirmar que a Qualidade Técnica é o passo rumo à Excelência que analisa e define como as pessoas entregam os resultados.

5.4 *Startups* Operacionais

Uma vez que todos os passos acima foram percorridos, precisamos definir o foco, o melhor caminho e liberar as energias.

Por que?

Um dos grandes dificultadores da implementação é que as rotinas diárias concorrem com as melhorias. Normalmente, as pessoas não têm tempo e alegam que estão sempre ocupadas.

Logo, para implementar as iniciativas estratégicas, recomenda-se que sejam formadas as *startups* operacionais, ou seja, equipes que trabalham metodologicamente para o alcance de um objetivo específico (item de controle), evitando, assim, a perda de foco.

Utilizando como base o triângulo da excelência, essas equipes deverão ser compostas por um líder, colaboradores com conhecimento técnico do negócio e outros com conhecimento de gestão, conforme a figura 31.

As *startups* operacionais são agrupadas por temas diretamente conectados com a estratégia, tais como: Comercial/Marketing, Produção/Operações/Logística/Supply Chain, Administrativo/Financeiro, Suporte, entre outros.

Os 3 eixos do Triângulo da Excelência serão abordados neste capítulo.

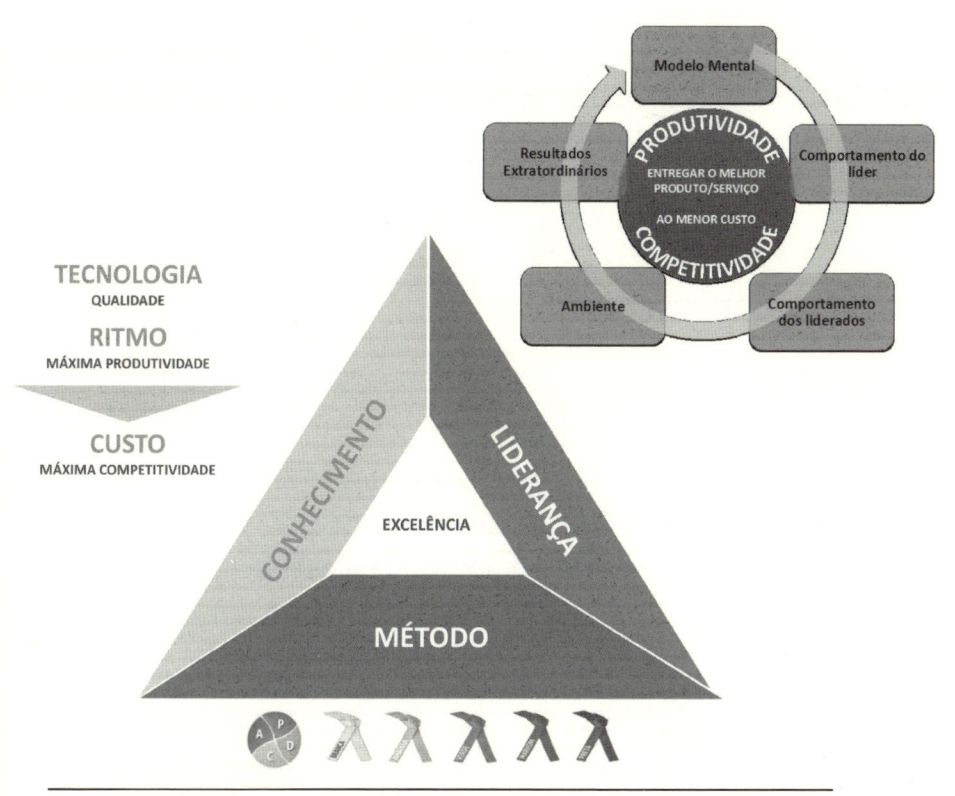

Figura 31: Composição *startups* operacionais

5.4.1 Liderança

A liderança tem o papel de influenciar a sua equipe e, dessa forma, garantir que a estratégia e as metas sejam alcançadas.

O livro *Formação de Gestores: criando as bases de gestão*, (pág. 107) destaca que "se o líder, de fato, acreditar na estratégia de gestão que está implementando e modificar o seu modelo mental e o seu comportamento, a sua mudança influenciará de forma significativa o comportamento dos liderados e assim transformará o ambiente, colocando o foco em gestão para se obter resultados extraordinários".

A liderança é, portanto, fundamental para conduzir a *startup* operacional e garantir que toda a equipe esteja engajada, cumpra aquilo que foi planejado e, consequentemente, alcance os resultados.

5.4.2 Conhecimento

O conhecimento técnico é aquele relacionado ao processo no qual a pessoa trabalha, tendo em vista que ela precisa dominar os conhecimentos específicos relacionados ao dia a dia da sua função.

Esse domínio pode ser adquirido de forma teórica, por meio de livros, treinamentos e cursos, e, de forma prática, em vivências no ambiente de trabalho.

Além disso, ele pode ser explícito, quando está claramente informado nos manuais e padrões da empresa, ou tácito, quando não pode ser escrito, porque depende do aprendizado prático, ou seja, da experiência de vida dos indivíduos.

Todo conhecimento técnico depende de treinamentos. De nada adianta se não for aplicado, por isso é papel da liderança preparar a equipe para garantir que o conhecimento seja utilizado para gerar resultados.

5.4.3 Método

O método (conhecimento de gestão) é a capacidade de gerenciar e enfrentar desafios.

Gerenciar é saber entender e definir metas, identificar a causa dos problemas, formar e treinar equipes, escolher o melhor caminho, separar a rotina da melhoria e, por fim, priorizar, ou seja, liberar as energias.

O método, pela etimologia da palavra, pode ser também traduzido como "o caminho para a meta", ou seja, um caminho seguro para alcançar resultados.

A vantagem na sua utilização é a redução do tempo para a solução dos problemas. Por meio dele, todos conseguirão percorrer os mesmos passos, de forma mais econômica, mais segura e menos sujeita a erros.

Ele elimina a prática tão comum nas organizações de solucionar os problemas por meio da "tentativa e erro". Nas *startups* operacionais sempre é preciso existir uma figura que será o guardião do método, para evitar que a equipe perca o foco e se distraia durante o caminho. Quanto maior for a sua vivência na solução de problemas de forma estruturada, maior será a contribuição dessa pessoa para o sucesso do time. Somado a uma forte liderança e ao conhecimento técnico profundo das operações, o triângulo da excelência está formado e pronto para implementar as iniciativas estratégicas pactuadas.

O método de solução de problemas, aqui citado, está amplamente descrito e exemplificado no livro *Formação de Gestores: criando as bases da gestão*, publicação de autoria de Raimundo Godoy e Cláudia Bessas.

PASSO 6
DISCIPLINA
QUAL SERÁ A DISCIPLINA NECESSÁRIA?

Estabelecemos a Ambição, desenhamos a Governança para buscá-la, detalhamos as Evidências para analisar se a ambição é factível ou não, definimos a Produtividade, que são as grandes entregas periódicas, e avaliamos a Qualidade Técnica. Agora, avançamos para o Passo 6, a Disciplina.

É nessa fase que, muitas vezes, no modelo tradicional, o sistema começa a cair. O papel do árbitro (explicado no Passo 2, Governança) é fundamental. Ele é o ator principal para garantir a disciplina. Apesar de possuir um planejamento bem feito, com organização e distribuição das atividades, se não houver um acompanhamento e a aplicação de mecanismos de controle para que a implantação do plano seja realizada como regra em todas as áreas da empresa, da diretoria ao nível operacional, as iniciativas se perdem.

Quando demonstramos que 90% das estratégias falham por conta da baixa implementação, é porque a organização chegou no Passo 4 ou 5 e depois não conseguiu dar continuidade.

6.1 Desdobrando o Plano de Ação

Com as metas e os projetos definidos no Passo 4, são estabelecidas ações para alcançá-los. *Para atingir aquele resultado almejado, quais ações precisam ser realizadas de forma diferente (pois, se feito como antes, os resultados serão os mesmos ou piores)?*

Quando há meta, elabora-se plano de ação. Quando há projeto, constrói-se cronograma, que é o sequenciamento das atividades com responsabilidades e relação entre elas. O projeto tem início, meio e fim. No cronograma, definem-se as entregas esperadas para cada período. Para viabilizar as etapas do projeto, sempre há interdependência entre as ações.

Para cada meta definida, analisamos as causas que afetam os resultados. Para eliminá-las, um plano de ação é construído. Utilizamos o 5W1H ou 5W2H, ferramentas tradicionais utilizadas para construir e formalizar planos de ação nas empresas. A sigla vem do inglês e significa:

What: o que será feito

Who: quem irá fazer

When: quando será feito

Why: porque será feito

Where: onde será feito

How: como será feito

How Much : quanto irá custar

A Tabela 02 abaixo explica como utilizar e oferece dicas de cada um dos campos da ferramenta:

O QUE WHAT	QUEM WHO	COMO HOW	QUANDO WHEN	POR QUÊ WHY
• Definir as contramedidas a serem realizadas para bloquear a causa fundamental; • Utilizar sempre um verbo no infinitivo (trocar, treinar, modificar) para descrever a ação; • Atenção para não utilizar ações que não sejam capazes de realizar um bloqueio efetivo da causa raiz, como, por exemplo: "garantir", "manter", "reunir-se" e etc.	• Definir o nome do responsável pela implementação da ação, que deverá ter conhecimento dela e estar de acordo com a mesma; • Sempre deve conter o nome de uma ÚNICA pessoa, não devendo ser preenchido com departamentos ou cargos; • Essa pessoa não precisa, necessariamente, ser o executante da ação, mas o responsável pela sua execução. Poderá executar pessoalmente a tarefa ou coordená-la, delegando atividades para outras pessoas.	• Detalhar as etapas de execução da ação, identificando os responsáveis por cada etapa, quando necessário; • Quase todas as ações de um Plano possuem um grau de complexidade que exige detalhamento, para que haja plena compreensão da ação; • Tente colocar todas as etapas de detalhamento possíveis como subitens e sempre que houver diferentes responsáveis e/ou datas, deve-se relacioná-los adequadamente; • Utilizam-se verbos no gerúndio (verificando, analisando, trocando, comprando) para detalhar a execução da ação.	• Definir a data em que a entrega final da ação deverá ser realizada; • Sempre uma data específica (dia, mês e ano). Não devem ser utilizados prazos subjetivos como "sempre que necessário", "imediatamente", "permanentemente", "daqui a 30 dias" e etc; • Colocar início e término (previsto e realizado); • Datas que remetem a uma entrega cíclica, repetitiva, podem ser indicativos de que sua pretensa Ação trata-se, na verdade, de uma rotina: "toda 5a feira", "semanalmente", etc. e rotinas já existentes não ajudarão a resolver problemas novos. Caso esteja diante de uma nova rotina, a ação deveria estar focada na sua criação e padronização.	• Descrever a importância da execução da ação e a relação entre causa e efeito; • Descrever a razão para a execução da ação proposta, normalmente iniciando-se com "Para".

Tabela 02: 5W1H

É necessária pelo menos uma ação para eliminar cada causa identificada e priorizada. A ação deve ser coerente com o escalonamento da meta, ou seja, à medida que a meta aumenta, devem-se propor ações suficientes para o seu alcance. É necessário ha-ver um vínculo entre o escalonamento da meta e os prazos das ações.

Outro ponto importante é a distribuição das responsabilidades. O dono da meta é também o responsável pelo plano de ação como um todo. É importante que delegue parte das atividades para a equipe e demais pessoas envolvidas, senão há o risco de ele se comprometer com muitas ações em prazos concomitantes e não entregar o esperado.

6.1.1 Treinamento

Partimos do pressuposto que, para alcançar um resultado melhor, é preciso mudar a forma de fazer, ou seja, alterar o processo. Isso também significa que é preciso capacitar pessoas para trabalharem de uma forma diferente com novos padrões, fluxos e tecnologias. Assim, o treinamento torna-se fundamental para que os objetivos sejam alcançados.

A capacitação pode ser feita em sala de aula ou *on the job* (no posto de trabalho). Por exemplo, na área Comercial, quando se altera o patamar de resultados requerido e o processo de vendas, o vendedor recebe um *tablet* com funcionalidades novas e diferentes. Assim, antes de visitar o cliente, ele precisa acessar as informações, consultar o histórico de compras, os preços da concorrência, a margem que está sendo aplicada e para quais produtos, etc. É importante se preparar e estudar o cliente para realizar uma venda sugestiva.

6.2 Sistemas de Informação como suporte à implementação da estratégia

Falar em controle, principalmente quando tratamos de metas para longo prazo e em organizações mais robustas, é também falar em sistemas de informação.

Quando abordamos a implementação do Book de Metas, falamos dos esforços que foram definidos no Passo 4, que são as grandes metas e os projetos estruturais, e de como tirá-los do papel e transformá-los em algo prático em termos de resultados para a empresa.

É recomendável que a organização faça uso de um *software* específico para o controle de metas e planos de ação. As ferramentas de acompanhamento simplificam o trabalho e o automatizam, permitindo que as informações sobre metas e o andamento das ações sejam atualizados e compartilhados pelos usuários, assim como sejam viabilizadas a visualização do desdobramento de causa e efeito entre as metas e a análise da meta do superior com a do inferior, para ser verificado onde ocorreu o desvio.

Há alguns anos, esse acompanhamento era realizado por meio de planilhas. Hoje, há uma série de *softwares* e o Aquila desenvolveu os seus próprios para essa finalidade. Assim, se as informações estão no sistema, elas podem ser acessadas de qualquer lugar. É possível realizar reuniões registrando as informações no sistema, o que traz dinamismo para o acompanhamento. O gestor superior verifica rapidamente se os seus subordinados atingiram metas ou não, assim como a qualidade dos planos corretivos elaborados. A ferramenta dá transparência e visibilidade para os resultados.

Ainda sobre o tema implementação, é importante padronizar os ciclos de planejamento que se repetem. Hoje, elaboramos um planejamento para 3 ou 5 anos. No ano seguinte, possivelmente, o período que se passou será analisado e será projetado mais um ano para frente. Os ciclos estratégicos caminham assim. É por isso que deve haver um processo estruturado e padronizado de planejamento e acompanhamento de resultados na empresa. Essa realidade vai permitir que o ciclo se repita de forma previsível e sistemática com um cronograma, responsabilidades definidas e documentos gerados a cada etapa. Caso essa sistematização não ocorra, os aprendizados vão sendo ignorados.

Essa é a razão pela qual recomendamos que haja uma padronização no planejamento e na implementação da estratégia, pois sempre há oportunidades de melhoria. O processo vai sendo aperfeiçoado, é importante evoluir e criar novos padrões, mas é fundamental que tudo esteja registrado.

BOOK DE METAS

Área: Diretoria Comercial   Responsável: Selecione   Mês/Ano: ● Mensal ○ Acumulado

Objetivo	Melhor	Unidade	Tipo	Real	Meta	Desvio	Farol	Gráfico	PA	Peso
▣ Acionistas										
▶ Assertividade do Prognóstico	↑	%	👤	0,0	0,0	-100,0%	●	📊	📄	10%
Capital de Giro / ROL	↑	%	👤	25,3	23,5	7,3%	●	📊	📄	10%
Despesas Comerciais	↓	R$/mil	👤	2.001	2.132	-6%	●	📊	📄	10%
▶ Margem Ebitda	↑	%	👤	2,3	4,3	-47,7%	●	📊	📄	50%
Market Share Distribuição INDA	↑	%	👤	0,0	12,2	-100,0%	●	📊	📄	10%
Market Share Tubos ABITAM	↑	%	👤	0,0	15,4	-100,0%	●	📊	📄	10%

Figura 32: Exemplo de tela de acompanhamento do Sistema de Alinhamento de Metas

6.3 Rituais de Gestão

Quando a empresa executa, é importante que ela tenha a disciplina para controlar. É a fase de verificar como está o plano e a implementação. Não é necessário aguardar até o fim do ano para checar se a meta foi atingida. A organização pode fazer isso semanal, quinzenal ou mensalmente: checar se as metas foram atingidas ou não e os porquês.

Este é o ritual de controle: verificar se aquilo que estava planejado foi implementado ou não, como está indo a execução. Um ritual de gestão plenamente aplicado pode ser considerado o auge da gestão. É o momento mais importante, porque todos os erros e acertos são avaliados.

O acompanhamento mensal permite entender o porquê e corrigir o curso daquilo que não foi atingido. Além disso, o controle mensal permite verificar o que foi atingido e padronizar o que está bom. O nome é esse, porque deve ser um ritual mesmo, um hábito. A estratégia é de longo prazo, porque exige ações que vão ultrapassar um ano, o que não significa que vamos deixar para acompanhar depois. Os rituais mensais são fundamentais, porque permitem verificar esse progresso.

Os rituais devem ocorrer nos diversos níveis da organização, de baixo para cima. Em cada nível analisa-se o tratamento dos desvios e complementa-se com contramedidas adicionais sugeridas pelo nível superior. O guardião da efetividade dos rituais é o árbitro.

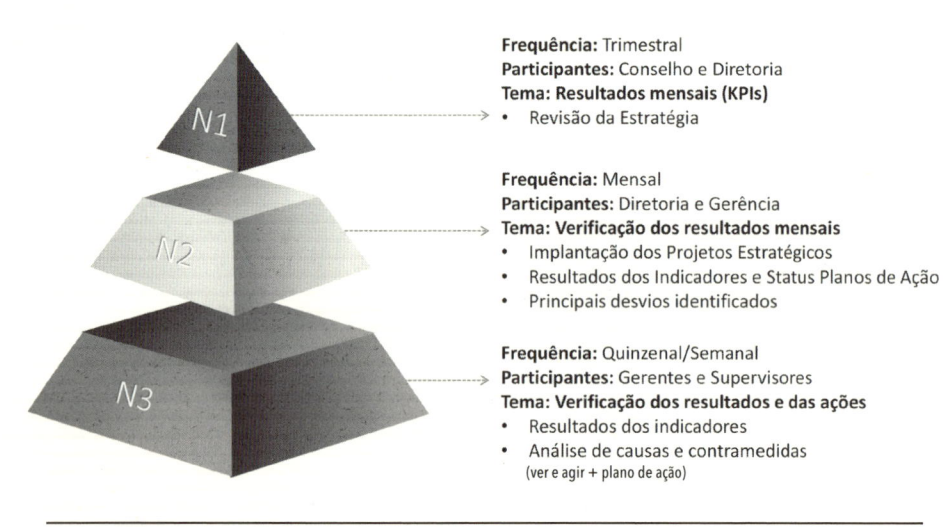

N1
Frequência: Trimestral
Participantes: Conselho e Diretoria
Tema: Resultados mensais (KPIs)
- Revisão da Estratégia

N2
Frequência: Mensal
Participantes: Diretoria e Gerência
Tema: Verificação dos resultados mensais
- Implantação dos Projetos Estratégicos
- Resultados dos Indicadores e Status Planos de Ação
- Principais desvios identificados

N3
Frequência: Quinzenal/Semanal
Participantes: Gerentes e Supervisores
Tema: Verificação dos resultados e das ações
- Resultados dos indicadores
- Análise de causas e contramedidas
(ver e agir + plano de ação)

Figura 33: Rituais de Gestão

As reuniões possuem 3 momentos: pré ritual, condução (durante) e pós ritual. No pré ritual, todos devem estudar os números, entender os desvios e propor ações de melhoria. É o momento de preparo.

Durante a reunião, os participantes apresentam, validam e complementam planos. No momento pós ritual, verifica-se a implementação do que foi proposto anteriormente e comunica-se às outras áreas. É enviada a ata com os compromissos e o que ficou de cada ritual, ou seja, é a formalização do que foi combinado e servirá para o pré ritual da próxima reunião.

É importante estabelecer regras para o bom funcionamento dos rituais. Citamos abaixo alguns exemplos práticos:

- Não fazer reuniões muito longas;
- Levar o Relatório de uma Página (*One Page Report*) completamente preparado;
- Convocar apenas quem realmente precisa participar;
- Realizar a convocação no sistema, com o controle de quem compareceu, inserindo também cronograma anual de reuniões;
- A reunião deve ser presidida pelo líder daquele nível.
- Registrar todos os pontos na ata ao final da reunião;

Agora, partimos para o próximo Passo: o Retorno. Ele é a mensuração dos ganhos capturados pela empresa com a implementação das iniciativas estratégicas.

PASSO 7
RETORNO

QUAL O RETORNO ESPERADO E OS
IMPACTOS PARA OS PRÓXIMOS ANOS?

Este passo jamais poderia deixar de ser dado. Todos os executivos e gestores devem trabalhar diariamente com foco em resultados. Isso quer dizer que toda iniciativa de melhoria nas organizações, seja ela uma melhoria simples, de gestão da rotina, ou melhoria estrutural (a qual é o tema do livro: "a Ambição e as grandes mudanças"), deve ser medida em termos de resultados financeiros. Esse é o tema do Passo 7: Retorno.

Nessa etapa, conseguimos verificar se as estratégias estão surtindo efeito e trazendo resultado. Novamente, aparece com destaque a figura do árbitro, abordada no Passo 2, Governança. Ele vai assegurar que todos os impactos esperados sejam refletidos no DRE, Balanço Patrimonial e demais demonstrativos econômico financeiros da empresa.

7.1 Investimentos

A maior parte das iniciativas de melhorias estruturais das organizações passa por investimentos. Eles podem ser em inovação, equipamentos ou pessoas.

Muitas vezes, chegamos em empresas que querem fazer melhorias estruturais, planejamento estratégico, mas ainda não têm controle da rotina. Planejamento estratégico normalmente significa "gastar dinheiro", investir. É necessário ter capital para isso.

Então, parte-se do pressuposto que empresas que estão fazendo planejamento estratégico e estão pensando em resultados melhores devem estar com uma boa saúde financeira ou devem possuir fontes de captação disponíveis. Organizações sem crédito não conseguirão fazer um plano estrutural de crescimento.

Assim, investimento é um tema que vem junto com planejamento estratégico, pois dificilmente uma empresa fará um plano estrutural para continuar fazendo o que já faz. Provavelmente, ela terá expansão territorial ou em *mix* de produtos ou inovações que requerem pesquisa e desenvolvimento, ou até mesmo investimento em pessoas para buscar um nível de resultado diferente.

Queremos buscar esse resultado, quanto precisamos investir para isso? Esse capital está disponível? Quanto me custará esse recurso? Vou buscá-lo no Brasil ou fora? São debates que construímos e análises que fazemos quando falamos dessa métrica de retorno para poder calcular se os investimentos e os resultados daqueles projetos fazem sentido ou não.

Já vivenciamos casos de clientes com ideias interessantes e planos audaciosos, mas que, quando postos na ponta do lápis, não faziam sentido financeiramente. Nesses casos, o plano precisa ser revisto. Ou, muitas vezes, há clientes que fizeram trabalhos mais superficiais com outras empresas e que não quantificaram a execução do plano. Então, mostramos que ela até pode crescer, mas ficará com dificuldade financeira, geralmente porque o capital acaba ou não se calculou o custo, observou-se somente a receita.

7.2 Impactos no DRE

Quando falamos em retorno, existem várias métricas no mercado que realizam essa medição. A partir de uma análise vertical e horizontal da DRE, será possível mensurar os ganhos em cada um dos blocos de gestão, como, por exemplo, na receita, na margem bruta, na margem operacional, na margem líquida, entre outros.

A métrica que mais usamos é inspirada nos princípios suíços, uma das fontes de conhecimento do Aquila.

Existem 3 pilares muito fortes na Suíça:

A	Informações precisas;
B	Agregação de valor;
C	Retorno sobre o capital empregado. Esse último se refere a dizer que "onde aplico dinheiro, tenho que produzir mais dinheiro".

A principal métrica que utilizamos para avaliar resultados é o indicador financeiro que se chama ROCE (pág. 61).

ROCE é uma medida superior às demais métricas tradicionais, porque estas consideram apenas parte do capital. O ROCE leva em conta o ativo econômico (ativos permanentes mais NCG).

7.3 Resultados Qualitativos

Por atuarmos com serviços de consultoria em organizações, pode-se imaginar que nosso foco é voltado para os ganhos financeiros, mas consideramos os ganhos qualitativos também. O que não podemos é ser românticos nesse segmento. Afinal, na gestão, tudo deve ser medido.

Entre os principais ganhos qualitativos das organizações que caminham para a Excelência, estão:

- Formação e desenvolvimento de pessoas. Líderes "surgem" em ocasiões de expansão internacional e territorial, crescimento de vendas, abertura de novas unidades, lançamento de novos produtos e serviços, projetos de reestruturação e inovação, entre outros. São oportunidades que facilitam a promoção de colaboradores e isso pede que as pessoas se desenvolvam a partir de uma ambição.
- Padrões de gestão são elevados quando, por exemplo, ocorre uma fusão ou parceria com empresas de maior porte e alcance.
- Sedimentação de uma cultura de acompanhamento dos resultados e prestação de contas com a prática de rituais de gestão.
- Geração de empregos.
- Pessoas mais envolvidas e engajadas com o negócio, com o senti-mento de dono, participando das discussões e contribuindo para a estratégia.
- Ações de transformação: o plano de ação começa a surtir efeito para a geração de resultados.

Os resultados qualitativos, no futuro, trazem os resultados quantitativos.

PASSO 8
TRANSPARÊNCIA

COMO ATENDER O COMPLIANCE E
COMUNICAR DE FORMA ADEQUADA?

Este Passo possui 2 grandes focos: mecanismos para atender regras de *compliance* e ações de comunicação. São assuntos sérios que precisam ser contemplados em qualquer iniciativa de melhoria.

8.1 Compliance

Vamos crescer? Sim, mas atendendo as legislações vigentes, as normas internas, as regras tributárias e as leis pertinentes ao negócio. O *compliance* garante que não se permita um resultado melhor quando as ações necessárias para o alcance desse resultado estejam sujeitas a qualquer tipo de cancelamento, anulação, impedimento, multa ou até mesmo fechamento e falência da empresa.

O termo *compliance* tem origem no verbo em inglês *to comply*, que significa agir de acordo com uma regra, uma instrução interna, um comando ou um pedido. Ou seja, estar "em *compliance*" é estar em conformidade com as leis e os regulamentos externos e internos.

Portanto, significa manter a empresa em conformidade, atendendo aos normativos dos órgãos reguladores, de acordo com as atividades desenvolvidas pela sua empresa, bem como dos regulamentos internos.

Ao atuar sob as regras de *compliance*, a empresa tem como benefícios:

- a preservação da sua integridade civil e criminal como consequência da redução do grau de exposição e da responsabilização da alta administração e dos colaboradores;
- o aumento da sua eficiência, pela redução de desvios e de possíveis perdas financeiras advindas de sanções legais;
- vantagens competitivas, tornando mais atrativas as organizações que atendem às crescentes demandas de uma sociedade em busca de um consumo sustentável e ético;
- ganhos de produtividade, por meio de uma cultura ética forte capaz de gerar coesão do público interno.

Outros benefícios seriam ainda descontos em linhas de crédito, valorização da organização e melhor retorno dos investimentos.

Podemos destacar as seguintes atividades como ações relacionadas a *compliance:* prevenção a fraudes, segurança da informação, plano de continuidade de negócios, contabilidade internacional, fiscal e gerencial, gestão de riscos e de pessoas e atendimento a auditorias internas e externas.

Quando elaboramos um plano estratégico, é fundamental que todas as metas e os projetos estruturais estejam rigorosamente alinhados com os critérios de *compliance* da empresa. Quando não estão alinhados, a continuidade da organização pode ser comprometida, tal como já ocorreu com empresas expressivas do nosso país.

8.2 Comunicação

A comunicação é o segundo ponto deste capítulo e diz respeito a fazer com que a mensagem chegue a todos os níveis da empresa ou até externamente. É comunicar de forma efetiva e transparente para que todos saibam o caminho que está sendo percorrido, o porquê e como vão contribuir.

Algumas ações trabalhadas em Transparência são:

• *Workshop* estratégico: o trabalho de planejamento pode levar de 3 a 4 meses ou até um período mais longo. Normalmente, não é a empresa toda que participa, mas apenas um grupo que foi nomeado, geralmente de colaboradores de alto escalão. Em algum momento, é necessário e importante dar visibilidade disso para os demais níveis. O *Workshop* é uma oportunidade, pois é um evento que reúne grande parte da organização, no qual se comunica o que é importante, para que todos saibam uniformemente.

• Plano de comunicação: transmitir a informação para todos os níveis da empresa. O presidente anuncia o plano com a participação dos diretores e gerentes. Deve-se organizar o que será comunicado, para quem e com qual frequência.

• Acordo de resultados: formalização por meio da qual se busca o comprometimento do colaborador. Quando afirmamos que 90% das estratégias falham em função da baixa implementação e que somente 5% dos executivos acreditam nas estratégias da empresa, o acordo de resultados vem para combater isso. Ao final do *Workshop*, é feito o convite: *Todos que estão aqui concordam com esse plano e assinam?* É um rito.

• Book da estratégia: é uma coleta, um documento que registra tudo o que foi produzido no trabalho do planejamento estratégico e passa a ser parte do conhecimento da empresa – não das pessoas. Ou seja, mesmo havendo a chegada de novos profissionais para os mesmos cargos durante o tempo de execução do planejamento estratégico, o que foi acordado não muda. As novas pessoas se ajustam ao que foi formalmente acordado. O registro é muito importante, para que o conhecimento não se perca. O Book dá transparência para todo o processo, documenta o histórico, serve de referência para consulta e de base para o próximo ciclo (é muito mais fácil estudar, observar erros e acertos quando há isso documentado). O documento possui uma série de indicadores e o plano de incentivos.

• Engajamento de colaboradores nas metas e na performance: o objetivo é fazer com que as pessoas se sintam parte do processo, compreendendo que as suas responsabilidades integram uma ambição maior. Quando desdobramos as metas e fazemos o alinhamento delas para todos os níveis, apresentamos a contribuição do resultado de cada um frente ao resultado geral da companhia, ou seja, respondemos a pergunta: *Qual é a sua parcela de contribuição no geral?*

EXEMPLOS DE APLICAÇÃO PRÁTICA

CASE
CERVEJARIA ARTESANAL

No final de 2018, o Aquila foi procurado por uma cervejaria artesanal, até então entrante nesse mercado, para apoiá-la no seu plano de crescimento e desenvolvimento.

Logo nas primeiras conversas, ficou claro que a empresa possuía um produto de qualidade que vinha tendo aceitação crescente no mercado, mas precisava, urgentemente, direcionar seus esforços e recursos para crescer de forma estruturada. A oportunidade de mercado existia, o produto era consistente e a liderança tinha um propósito claro. Para a busca desse objetivo, definiu-se pela utilização dos 8 Passos da Excelência.

E foi um trabalho que obteve sucesso, conforme será apresentado a seguir, pois, ao longo dos primeiros 12 meses do ciclo estratégico, já foram alcançados resultados expressivos, permitindo que a empresa atingisse seu primeiro grande objetivo estratégico, que era de alcançar vendas acima da casa de 100 mil litros/mês.

1. AMBIÇÃO | Onde queremos chegar

Nesta etapa foi feita uma reflexão sobre a visão de futuro da empresa, para se definir claramente aonde se almejava chegar.

Em todas as rodadas de debates, sempre aparecia como grande sonho o de se tornar uma grande empresa do segmento de cerveja artesanal e uma referência para o mercado cervejeiro.

A partir dos debates sobre a Visão de Futuro, começaram a ser desenvolvidas as métricas para o cálculo das metas para os próximos 3 anos (curto, médio e longo prazo, para esse porte de empresa), até aonde se poderia chegar com a capacidade instalada atual, otimizando a produção e os recursos humanos e financeiros da empresa.

Debateu-se, também, em que condições e quando seriam realizadas expansões para acomodar o crescimento dos próximos anos, uma vez que as metas foram fortemente focadas no aumento de re-ceita e volume de vendas. Para isso, foi necessário analisar os resul-tados passados, entender a conjuntura econômica atual do Brasil e realizar análises setoriais e de *market share*, para gerar embasamento para o cálculo das metas de curto, médio e longo prazo.

EVOLUÇÃO DE VENDAS - LITROS

EVOLUÇÃO DE VENDAS - FATURAMENTO

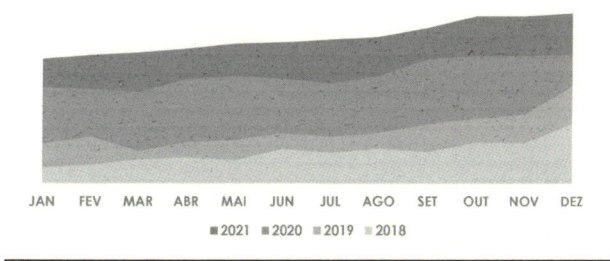

Figura 34: EVOLUÇÃO DAS METAS DEFINIDAS (LITROS E FATURAMENTO)

Usando como referência o ano de 2018, o crescimento proposto para o ciclo de 3 anos foi de 300% em volume e 362% em faturamento.

Por se tratar de uma empresa recém-criada e, naturalmente, apresentar fragilidade na estrutura de dados existentes, optou-se por não utilizar o histórico disponível. As referências foram criadas a partir do conceito de *base zero*. Com isso, a formação da Receita para o triênio foi calculada a partir das premissas estabelecidas, dentre elas a melhoria da taxa de conversão de negociações, aumento dos volumes de clientes ativos, aumento da carteira ativa e fiel de cada membro da equipe de venda, além de um incremento de participação das vendas pelo canal *delivery*.

Juntamente com a definição da Ambição, era necessário definir a identidade organizacional da empresa. Era preciso dar uma "cara" para a empresa recém-criada, e existia um desejo da alta administração em dar voz aos sonhos e colocá-los de forma clara e objetiva, de modo que todos os colaboradores pudessem entender e propagar aquela visão, missão e valores (abaixo).

▶ VISÃO

Ser a SEGUNDA maior cervejaria artesanal do estado, entregando experiências cervejeiras superiores e diferenciadas até 2021.

▶ MISSÃO

Promover a cerveja defendendo todos os elementos que envolvem a produção, distribuição e consumo.

▶ VALORES

NOSSO SONHO
Nosso sonho é sonhar sem limitações, para o crescimento da nossa empresa e das nossas pessoas.

NOSSAS PESSOAS
Pessoas excelentes são os nossos ativos mais valiosos. Concedemos liberdade para crescerem em velocidades compatíveis com o seu talento, recompensando-as adequadamente. O futuro não tem lugar marcado!

NOSSA CULTURA
Celebramos todos os resultados alcançados, mas estaremos sempre inconformados.
Foco e tolerância zero com erros antigos nos garantem uma vantagem competitiva e duradoura.
Nosso consumidor é o nosso patrão.
Sentimento de dono.
Nós nos conectamos com os consumidores, oferecendo experiências de consumo e relacionamento, ao invés de oferecermos produtos. O simples é melhor que o complicado.

Figura 35: Identidade Organizacional Cervejaria

2. GOVERNANÇA| Como devemos nos organizar

Para que qualquer iniciativa de melhoria dentro da cervejaria pudesse ser plenamente alcançada e bem-sucedida, definimos a governança do projeto, o líder, o árbitro, o coordenador e as equipes de trabalho e delimitamos quais seriam os papeis e responsabilidades de cada um deles, conforme demonstrado na figura abaixo.

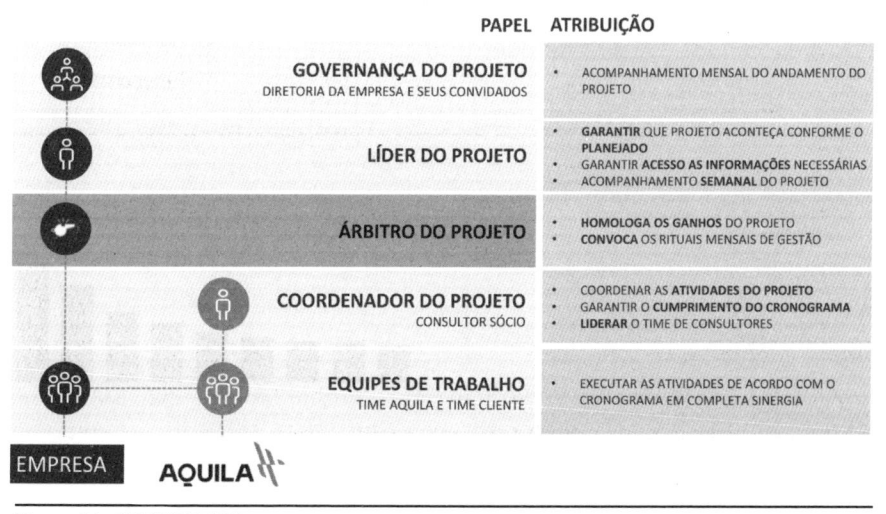

PAPEL	ATRIBUIÇÃO
GOVERNANÇA DO PROJETO DIRETORIA DA EMPRESA E SEUS CONVIDADOS	• ACOMPANHAMENTO MENSAL DO ANDAMENTO DO PROJETO
LÍDER DO PROJETO	• GARANTIR QUE PROJETO ACONTEÇA CONFORME O PLANEJADO • GARANTIR ACESSO AS INFORMAÇÕES NECESSÁRIAS • ACOMPANHAMENTO SEMANAL DO PROJETO
ÁRBITRO DO PROJETO	• HOMOLOGA OS GANHOS DO PROJETO • CONVOCA OS RITUAIS MENSAIS DE GESTÃO
COORDENADOR DO PROJETO CONSULTOR SÓCIO	• COORDENAR AS ATIVIDADES DO PROJETO • GARANTIR O CUMPRIMENTO DO CRONOGRAMA • LIDERAR O TIME DE CONSULTORES
EQUIPES DE TRABALHO TIME AQUILA E TIME CLIENTE	• EXECUTAR AS ATIVIDADES DE ACORDO COM O CRONOGRAMA EM COMPLETA SINERGIA

EMPRESA   AQUILA

Figura 36: GOVERNANÇA

3. EVIDÊNCIAS | Análise do ambiente e evidências encontradas

Nesta etapa, foram realizadas diversas análises para conhecer profundamente a operação da empresa e as variáveis de mercado que envolvem todo o processo.

Como exemplo de algumas análises realizadas, podemos citar:

- Históricos dos resultados já alcançados pela empresa;
- Análise do mercado cervejeiro e do *Market share*;

Mercado Cervejeiro

➤ Brasil é o terceiro maior produtor.
➤ Produção cresceu 64%, saltando de 8,2 bilhões para 13,4 bilhões de litros anuais na última década.
➤ Envolve cerca de 12 mil fornecedores de bens e serviços.

1,6% do PIB

50 FÁBRICAS e 14% da indústria de TRANSFORMAÇÃO

R$ 77 BI FATURAMENTO /ano

Fonte: Associação Brasileira da Indústria Cervejeira (2018)
Sistema de Controle de Produção de Bebidas da Receita Federal (Sicobe)

O número de cervejarias artesanais registradas no Brasil cresceu 100% nos últimos 3 anos, saltando de 418 estabelecimentos em 2014 para 835 em setembro de 2018.

Em 2017, as empresas investiram R$ 3,7 bilhões em sua capacidade produtiva – e a previsão é que coloquem mais R$ 4 bilhões em 2018 e R$ 4,2 bilhões em 2019.

E o mercado cervejeiro ainda tem grande potencial de crescimento, para gerar ainda mais valor a todos.

Total de cervejarias por ano no Brasil

Ano	Nº de Cervejarias
2010	266
2011	275
2012	290
2013	318
2014	356
2015	418
2016	493
2017	679
2018	835

Fonte: Ministério da Agricultura, Pecuária e Abastecimento - MAPA (2018)

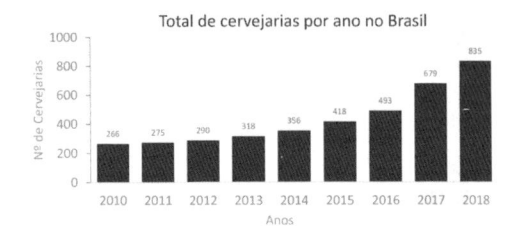

Figura 37: Exemplos de análise de do mercado cervejeiro

Mercado Cervejeiro
CERVEJARIAS POR ESTADO

TABELA 1: CERVEJARIAS POR ESTADO (nº total)

UF	2017	2018*
Rio Grande do Sul	142	179
São Paulo	124	144
Minas Gerais	87	112
Santa Catarina	78	102
Paraná	67	88
Rio de Janeiro	57	56
Goiás	21	25
Pernambuco	17	18
Espírito Santo	11	16
Mato Grosso	11	12

Fonte: Elaborado a partir dos dados de registro de estabelecimento do MAPA. *Levantamento até 27/09

Mercado Cervejeiro
DENSIDADE CERVEJEIRA

TABELA 2: DENSIDADE CERVEJEIRA (nº hab/cerv)

UF	2017	2018*
Rio Grande do Sul	79.873	63.294
Santa Catarina	89.758	69.368
Paraná	169.476	128.965
Minas Gerais	242.753	187.863
Espírito Santo	365.123	248.274
Amapá	398.861	276.498
Goiás	322.799	276.846
Mato Grosso	304.049	286.833
Roraima	261.318	288.284
Mato Grosso do Sul	301.461	305.336
BRASIL	**305.833**	**249.694**

Fonte: Elaborado a partir dos dados de registro de estabelecimento do MAPA e dos dados de projeção da população brasileira do IBGE. *Levantamento até 27/09

Tabela 03: Estatísticas de abragência e densidade

MARKET SHARE CERVEJARIAS EM GERAL

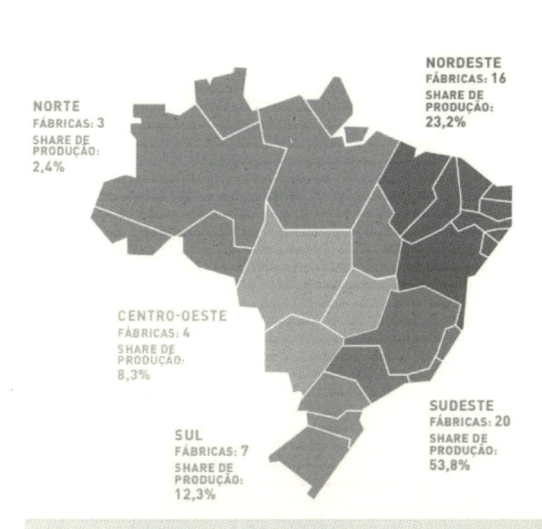

NORTE FÁBRICAS: 3 SHARE DE PRODUÇÃO: 2,4%

NORDESTE FÁBRICAS: 16 SHARE DE PRODUÇÃO: 23,2%

CENTRO-OESTE FÁBRICAS: 4 SHARE DE PRODUÇÃO: 8,3%

SUDESTE FÁBRICAS: 20 SHARE DE PRODUÇÃO: 53,8%

SUL FÁBRICAS: 7 SHARE DE PRODUÇÃO: 12,3%

- Ambev/Brasil – 67%; Grupo
- Petrópolis/Brasil – 13%;
- Heineken/Holanda – 10%; Brasil
- Kirin/Japão – 8%;
- Outras – 2%.

O segmento de cerveja artesanal possui apenas **0,7%** do volume da indústria, mas a tendência é que esse número chegue a cerca de **9%** até 2022

Figura 38: *Market share* das cervejarias

• Análise da composição dos custos de uma cerveja artesanal;

Malte	R$ 0,56	3.73%
Lúpulo	R$ 0,18	1.20%
Fermento	R$ 0,10	0.67%
Embalagem	R$ 0,97	6.47%
Mão de obra	R$ 0,60	4.00%
Perda	R$ 0,24	1.60%
Margem cervejaria	R$ 0,76	5.07%
Transporte	R$ 0,37	2.46%
Impostos federais	R$ 0,59	3.92%
Impostos estaduais	R$ 1,46	9.73%
Margem do distribuidor	R$ 1,91	12.74%
Margem da loja	R$ 7,26	48.42%
	R$ 15,00	100%

Figura 39: Composição de custos da cerveja artesanal

QUANTO CUSTA UMA CERVEJA ARTESANAL?

No infográfico abaixo você encontra os percentuais do custo que estão embutidos numa garrafa de cerveja produzida no Paraná e vendida para o estado do Rio de Janeiro sem pauta na Receita Estadual do Rio de Janeiro. Uma cerveja que custa R$ 15 reais ao consumidor.

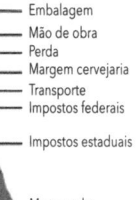

- Malte
- Lúpulo
- Fermento
- Embalagem
- Mão de obra
- Perda
- Margem cervejaria
- Transporte
- Impostos federais
- Impostos estaduais
- Margem do distribuidor
- Margem da loja

Custos e Impostos

Impostos que incidem sobre a cerveja:
- PIS – tabelado por litro/garrafa
- Cofins – tabelado por litro/garrafa
- IPI – tabelado por litro/garrafa
- ICMS – percentual que varia de estado para estado
- ICMS-ST (Substituição Tributária) – percentual que varia de estado para estado

Markup Supermercado	35%	R$ 0,65
ICMS ST Líquida	20%	R$ 0,40
IPI	4,8%	R$ 0,07
PIS	1,59%	R$ 0,02
COFINS	7,25%	R$ 0,10
ICMS	20%	R$ 0,26
Total		R$ 1,50

Para o cálculo precisamos:
- Custo do produto
- Margem que será aplicada
- Estado produtor
- Estado que vai comercializar

Caso de vendas para revendedores (distribuidoras e representantes)?
Neste caso há a inclusão do **ICMS-ST**, a chamada Substituição Tributária, no preço de venda. Isso acontece pois o produtor é forçado a pagar a tributação pela cadeia inteira, evitando fraudes fiscais na cadeia de distribuição.
Há duas formas de calcular: **Pauta** e **Margem de Valor Agregado (MVA)**. A Pauta é definida pela Secretaria do Estado onde a cerveja será vendida. A MVA é definida como 140% do preço de venda da cervejaria com impostos.

Fonte: Mestre Cervejeiro – Acesso: 28/11/2018

Figura 40: Impostos incidentes

- Análise do perfil dos clientes e de consumo.

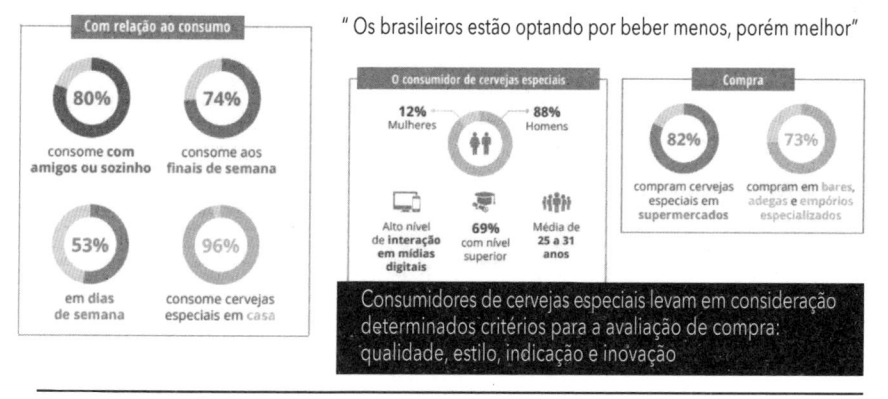

Figura 41: Exemplo de análise dos clientes pelo consumo, gasto e compras

4. PRODUTIVIDADE | O que será produzido? Qual o foco do trabalho?

Neste passo, para sustentar a visão de futuro da empresa, foi elaborado o MAPA ESTRATÉGICO para os 3 anos de ciclo (book dos KPIs e projetos estratégicos).

Como a empresa ainda é uma entrante no mercado cervejeiro, algumas iniciativas têm caráter estruturador, uma vez que, em uma empresa jovem, diversos processos, controles e rotinas ainda não foram estruturados ou não funcionam de forma satisfatória. Aquilo que foi proposto no 1º ano já teve impacto representativo de resultado nesse mesmo ano.

Iniciativa
Vendas DIRETAS DIGITAIS
Vendas para REDES
Vendas por TELEMARKETING
Eficiência das DESPESAS de SGA
Expansão territorial em MG, DF, SP, RJ e BA

Figura 42: PRINCIPAIS INICIATIVAS ESTRATÉGICAS PACTUADAS PARA O ALCANCE DA AMBIÇÃO 2021

5. QUALIDADE TÉCNICA | Nosso Time é capaz?

Avaliamos nesta etapa se a equipe envolvida seria capaz de entregar os desafios assumidos, trabalhando de forma ordenada e organizada para trazer os melhores resultados.

Primeiramente, foi feita a avaliação da maturidade de gestão da empresa.

A maturidade de gestão de uma empresa recém-criada naturalmente é baixa, uma vez que processos, controles e rotinas são algo muito além daquilo que se faz em uma empresa no início de trajetória. É muito comum em organizações novas (e até em algumas mais longevas) ver os colaboradores "jogando em todas as posições", a começar pelo dono.

Corroborando tudo o que foi exposto acima, ao fazermos o diagnóstico, a empresa realmente encontrava-se na faixa branca em termos de gestão, conforme figura abaixo.

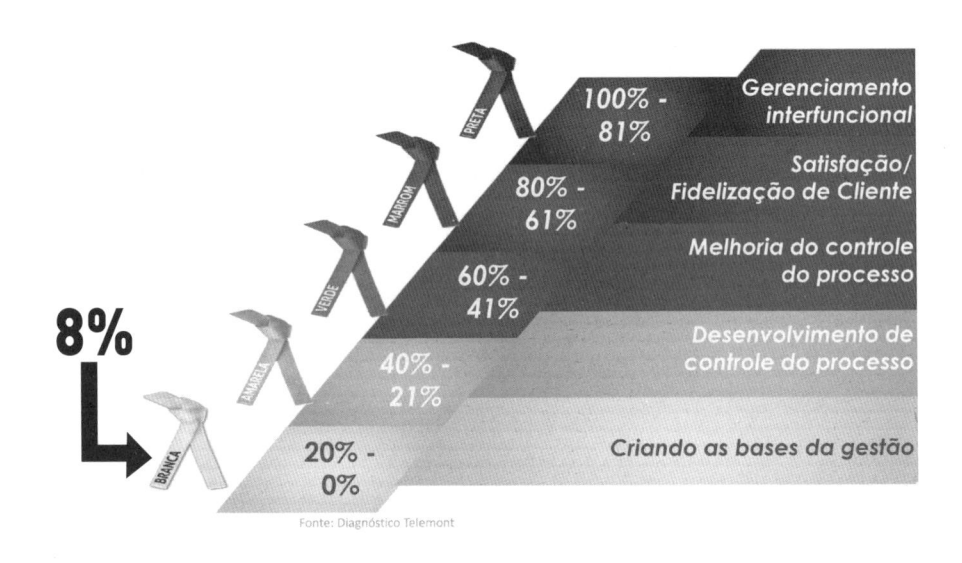

Figura 43: Diagnóstico da maturidade de gestão - Jan/19

Durante a execução do projeto, além da equipe operacional, os 4 gestores da cervejaria (Controladoria e Comercial, Produção e Logística) foram treinados e acompanhados OJT (*on the job training*) pela equipe Aquila. A evolução da maturidade de gestão foi claramente percebida no período, analisada pela ótica comparativa do "antes X depois" dos resultados alcançados, do engajamento demonstrado durante todo o ano e, sobretudo, na melhoria da tomada de decisão frente a problemas reais encontrados ao longo de 2019. E essa melhoria da maturidade pôde ser comprovada com o novo diagnóstico realizado no início de 2020 (figura abaixo).

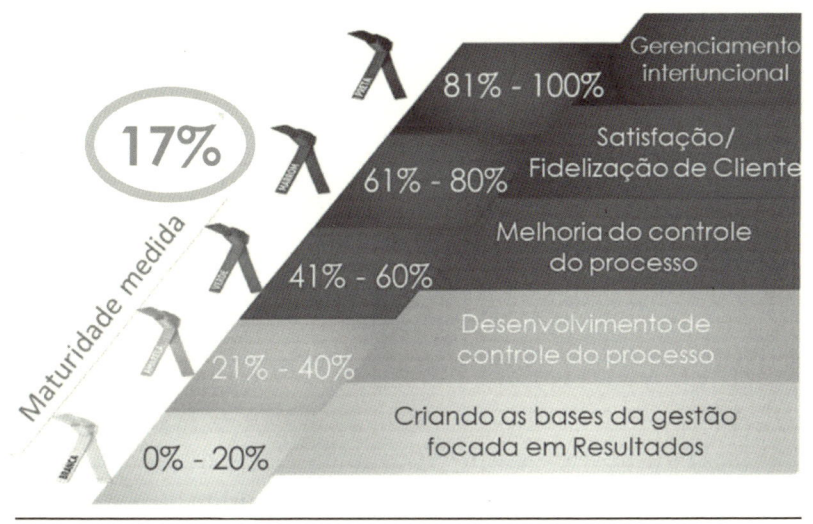

Figura 44: Diagnóstico da maturidade de gestão - Jan/20

Além disso, foi proposta a criação de 3 *startups* operacionais – Visão, Comercial e Operações – com o objetivo de organizar grupos de colaboradores com conhecimento do negócio para gerar as ideias, desenvolver e implementar ações e iniciativas estratégicas para alcance da ambição proposta. Esses grupos multifuncionais tiveram como objetivo principal gerar o engajamento dos envolvidos, tanto na proposição, quanto na execução das melhorias dos processos, dando força e legitimidade à melhoria contínua.

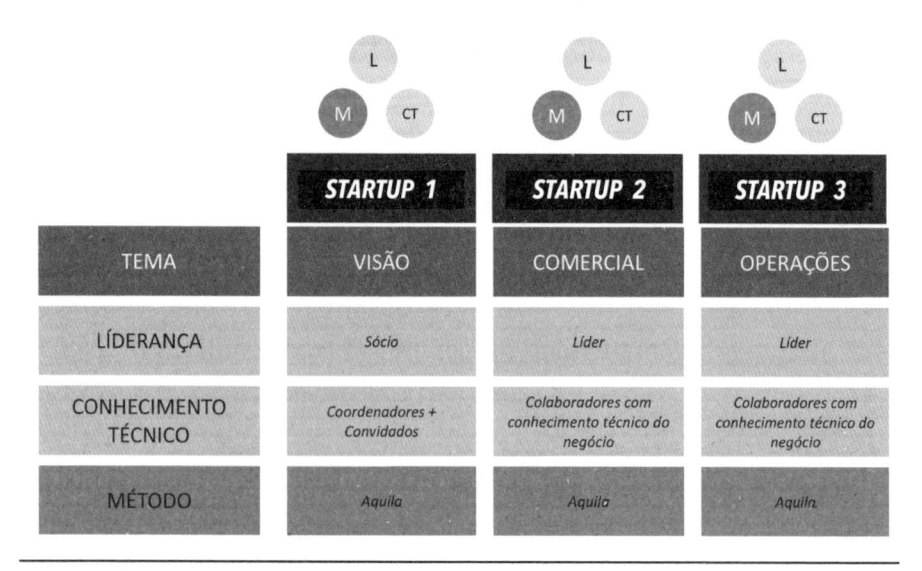

TEMA	STARTUP 1	STARTUP 2	STARTUP 3
	VISÃO	COMERCIAL	OPERAÇÕES
LIDERANÇA	Sócio	Líder	Líder
CONHECIMENTO TÉCNICO	Coordenadores + Convidados	Colaboradores com conhecimento técnico do negócio	Colaboradores com conhecimento técnico do negócio
MÉTODO	Aquila	Aquila	Aquila

Figura 45: *STARTUPs* OPERACIONAIS CRIADAS

6. DISCIPLINA | Qual será a disciplina necessária?

Para assegurar a execução do plano e o alcance da Ambição proposta, foi estabelecida uma rotina de monitoramento e controle dos resultados em cada nível da organização. Essa rotina prevê ciclos de reuniões mais frequentes para monitorar processos mais críticos, e rotina menos frequente para aqueles processos menos críticos ou que já apresentavam alguma estabilidade de resultados. A essa rotina é dado o nome de Rituais de Gestão.

Mensalmente, ficou estabelecida a realização da reunião de avaliação dos resultados do mês anterior. Nela são debatidos os resultados alcançados, erros e acertos, e as ações para manter ou potencializar os resultados alcançados, ou corrigir a rota, caso seja necessário. Nesse fórum, estão os principais gestores, bem como a alta administração da empresa. Os KPIs chave de Receita, Custos e Despesas são repassados em detalhes para que as decisões sejam tomadas e desdobradas com as respectivas equipes. Ao longo de 2019, foram realizados 11 Rituais mensais para debate do resultado atingido.

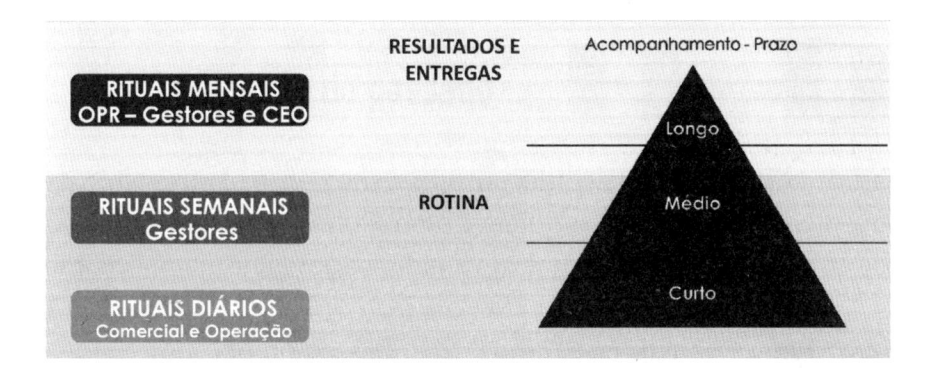

Figura 46: ESTRUTURA DE RITUAIS DE GESTÃO

No contexto do plano estratégico, o foco maior foi dado para a rotina comercial, haja vista que o principal objetivo era o crescimento da empresa em faturamento e volume de cerveja. Com isso, estabeleceu-se uma rotina semanal de monitoramento dos resultados da equipe comercial. Nessa reunião, debatia-se o desempenho individual de vendas, analisando os indicadores de cada vendedor, como: positivação, ticket-médio, *mix* vendido e captação de novos clientes. Cada um deles recebia, diariamente, o seu resultado do dia anterior, bem como o acumulado até aquele momento e a projeção necessária para o alcance da meta mensal, dando a cada membro da equipe a noção do ritmo necessário a ser imprimido para alcançar o resultado individual da carteira.

7. RETORNO | Qual o retorno esperado e os impactos para os próximos anos?

Avaliando os principais resultados alcançados em 2019, houve um crescimento de 57% no volume vendido e de 65% na receita operacional em relação a 2018 (1º ano de vida da empresa).

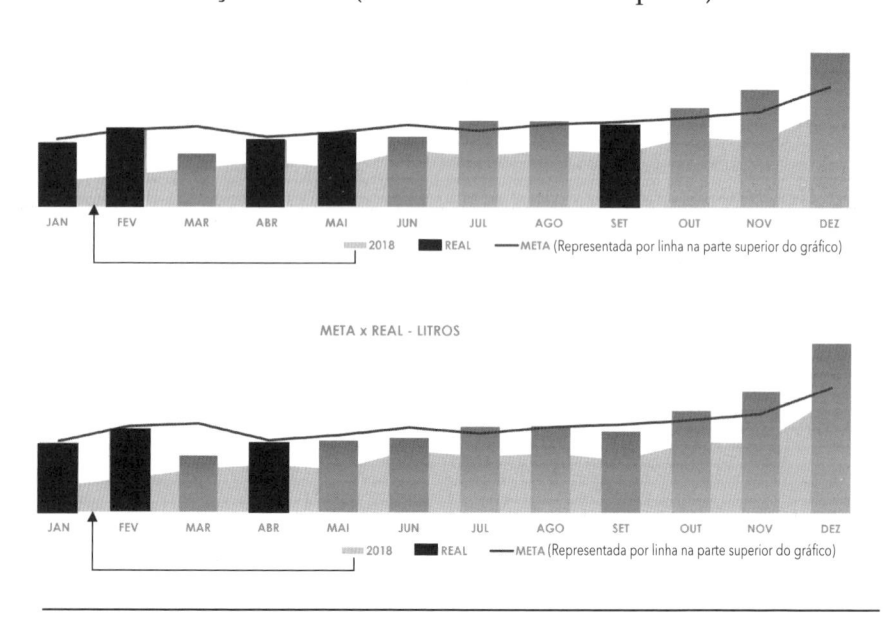

Figura 47: RESULTADO (VOLUME E FATURAMENTO) ANO 2019

O KPI de % da carteira ativa de clientes, que em mar/19 era de 38%, apresentou, ao final do primeiro ano, uma melhoria significativa, e, em janeiro de 2020 já estava em 55%.

Esse é somente um dos efeitos do trabalho realizado com a equipe comercial e da implementação de uma rotina comercial estruturada e focada em resultados. Além dessa rotina sistematizada com a equipe comercial, também foram adotadas ações de balanceamento e distribuição da carteira entre os vendedores, melhoria no processo de roteirização, aplicação de meta de prospecção e manutenção dos clientes ativos, dentre outras.

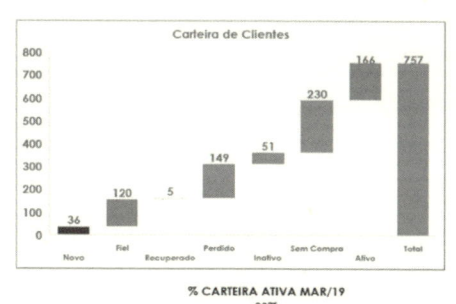

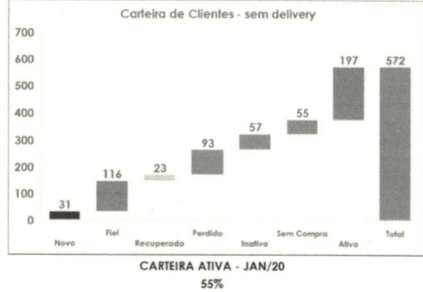

Figura 48: ESTATIFICAÇÃO DA CARTEIRA DE CLIENTES (ANTES X DEPOIS)

8. TRANSPARÊNCIA | Como atender o *Compliance* e comunicar de forma adequada?

Desde o início, a transparência foi a base de todo o projeto, tanto que, no primeiro dia de trabalho, foi realizado um *kick off* com toda a equipe da empresa na sede do Aquila. Nesse momento, a liderança reforçou a mensagem de que a busca de conhecimento e de uma metodologia de trabalho seriam a mola propulsora para alcançar resultados extraordinários, visto que nenhum concorrente havia feito esse movimento de investir em conhecimento de gestão para melhorar os seus resultados.

Além disso, ao longo da execução do trabalho, orientações foram dadas a respeito da melhor forma de conduzir a equipe de gestores, direcionando o trabalho, a tomada de decisão, dando autonomia para eles conduzirem suas respectivas equipes, e, posteriormente, cobrando pelas entregas acordadas. Dessa forma, a Visão de Futuro começou a sair do plano estratégico e descer para a Operação, no dia-a-dia, onde a empresa de fato acontece.

CASE EMPRESA DE ÓLEO E GÁS

Empresa do setor de óleo e gás sediada no Brasil, buscando avançar na gestão do negócio, de forma a ser mais moderna, mais enxuta, mais ousada e mais eficiente, procurou o Aquila para auxiliar na implementação de uma Gestão Orçamentária com excelência.

O Aquila designou três sócios com grande experiência no segmento e o trabalho foi conduzido utilizando-se os 8 Passos da Excelência, como demonstrado a seguir:

1. AMBIÇÃO | Aonde queremos chegar?

A ambição do trabalho acordado com o cliente visou a captura de R$20 MM de oportunidades, em 12 meses, por meio da implementação do planejamento e do controle orçamentário, em todas as empresas do grupo, conforme a cadeia de valor do negócio:

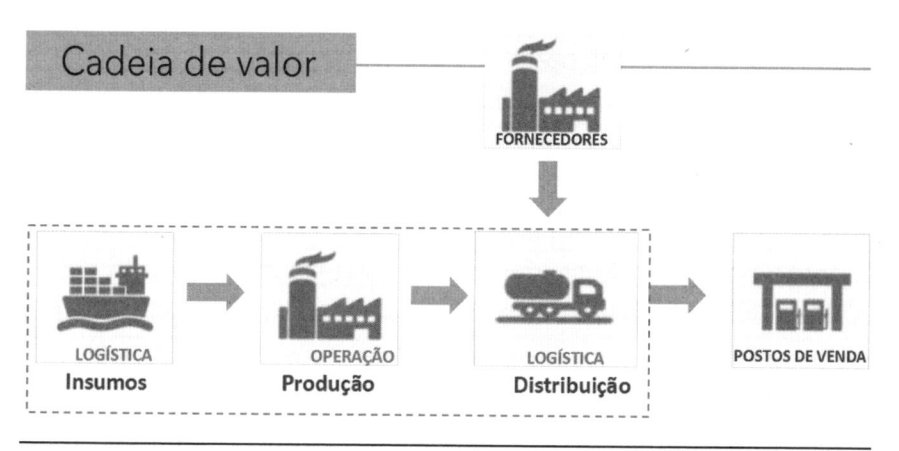

Figura 49: Cadeia de valor da empresa de óleo e gás

2. GOVERNANÇA | Como devemos nos organizar?

Para assegurar o sucesso no entendimento das necessidades das empresas do grupo e alinhado à demanda informada pelo cliente, o 2º passo - Governança teve fundamental importância, principalmente para assegurar o acesso a todas as informações necessárias e às pessoas para entrevistar.

A Governança tem uma forte relação de causa e efeito com a ambição: ela sustenta a ambição.

Nesse caso, o vice-presidente financeiro assumiu o papel de sponsor do projeto, o gerente de controladoria a liderança, e o gerente de contabilidade o papel do árbitro, ou seja, aquele que deverá homologar os ganhos e convocar os Rituais de Gestão.

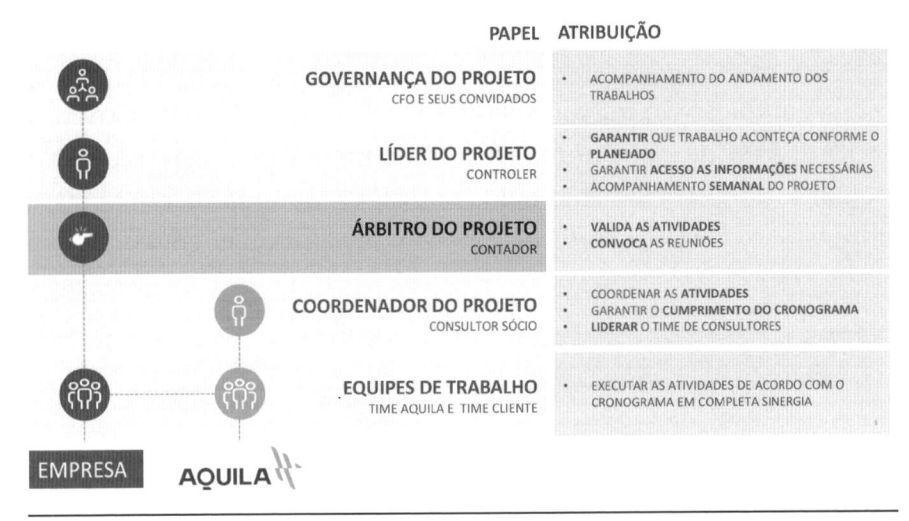

PAPEL	ATRIBUIÇÃO
GOVERNANÇA DO PROJETO CFO E SEUS CONVIDADOS	• ACOMPANHAMENTO DO ANDAMENTO DOS TRABALHOS
LÍDER DO PROJETO CONTROLER	• GARANTIR QUE TRABALHO ACONTEÇA CONFORME O PLANEJADO • GARANTIR ACESSO AS INFORMAÇÕES NECESSÁRIAS • ACOMPANHAMENTO SEMANAL DO PROJETO
ÁRBITRO DO PROJETO CONTADOR	• VALIDA AS ATIVIDADES • CONVOCA AS REUNIÕES
COORDENADOR DO PROJETO CONSULTOR SÓCIO	• COORDENAR AS ATIVIDADES • GARANTIR O CUMPRIMENTO DO CRONOGRAMA • LIDERAR O TIME DE CONSULTORES
EQUIPES DE TRABALHO TIME AQUILA E TIME CLIENTE	• EXECUTAR AS ATIVIDADES DE ACORDO COM O CRONOGRAMA EM COMPLETA SINERGIA

EMPRESA   AQUILA

Figura 50: Governaça

3. EVIDÊNCIAS | Análise do ambiente e evidências encontradas

O levantamento de evidências foi realizado em quatro semanas. Nesta etapa foram entrevistados 18 gestores do cliente em duas cidades do Brasil, e analisadas as informações disponíveis, o que permitiu entender a demanda com profundidade e os aspectos que influenciam nos resultados da organização, para, assim, avaliar os caminhos para alcançar a Ambição.

As informações analisadas contemplaram o Demonstrativo de Resultados das empresas do Grupo, principais indicadores (KPIs) dos processos envolvidos na demanda e outras informações consideradas relevantes.

As análises permitiram o cálculo de algumas oportunidades em cada empresa, conforme o exemplo da figura 51, bem como a identificação de desconexões, disfunções e desperdícios.

Despesa / Receita Líquida — Melhor

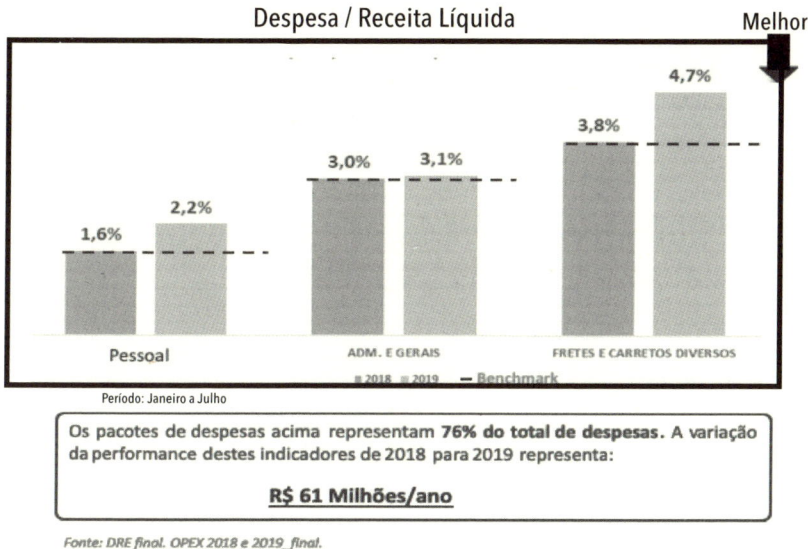

Pessoal: 1,6% / 2,2%
ADM. E GERAIS: 3,0% / 3,1%
FRETES E CARRETOS DIVERSOS: 3,8% / 4,7%

■ 2018 ■ 2019 — Benchmark

Período: Janeiro a Julho

Os pacotes de despesas acima representam **76% do total de despesas**. A variação da performance destes indicadores de 2018 para 2019 representa:

R$ 61 Milhões/ano

Fonte: DRE final. OPEX 2018 e 2019_final.

Figura 51: Exemplo de cálculo de oportunidade

Foram identificadas 16 desconexões, e na tabela abaixo estão alguns exemplos:

EXEMPLOS DE DESCONEXÕES

PLANEJAMENTO ORÇAMENTÁRIO:
- Não foi identificado o alinhamento de metas em todos os níveis gerenciais e áreas, com relação de causa e efeito no desdobramento de metas;
- Não foi evidenciada sistemática de elaboração de planos de ação formais para as metas de melhoria;
- Os materiais de consumo e insumos de rotina não são contabilizados como estoque e lançados no custo conforme consumo, apesar de serem armazenados em almoxarifado de casa base;
- Não foi observada separação das contas de manutenção preventiva e corretiva para acompanhamento/gestão.

CONTROLE ORÇAMENTÁRIO E RITUAIS DE GESTÃO:
- Os entrevistados desconhecem o resultado global do grupo e, na maioria das vezes, o da própria área;
- Não foi evidenciada a apuração e análise dos resultados gerados;
- Não foi evidenciada sistemática de controle de execução de planos de ação;
- Não foi identificada, nas dependências da empresa, a prática do Gestão à Vista;
- Sem evidências de reunião estruturada de acompanhamento dos resultados das áreas.

Concluiu-se junto ao cliente que, de acordo com oportunidades identificadas e as desconexões levantadas, valeria a pena investir no projeto.

4. PRODUTIVIDADE | O que será produzido e qual será o foco do trabalho?

Após o levantamento de evidências, foi elaborado, a quatro mãos, o plano de voo com as principais entregas do projeto para o 1º ano de parceria, visando auxiliar o grupo de empresas a implementar o planejamento e controle orçamentário, com meta de ganho de pelo menos R$ 20 MM.

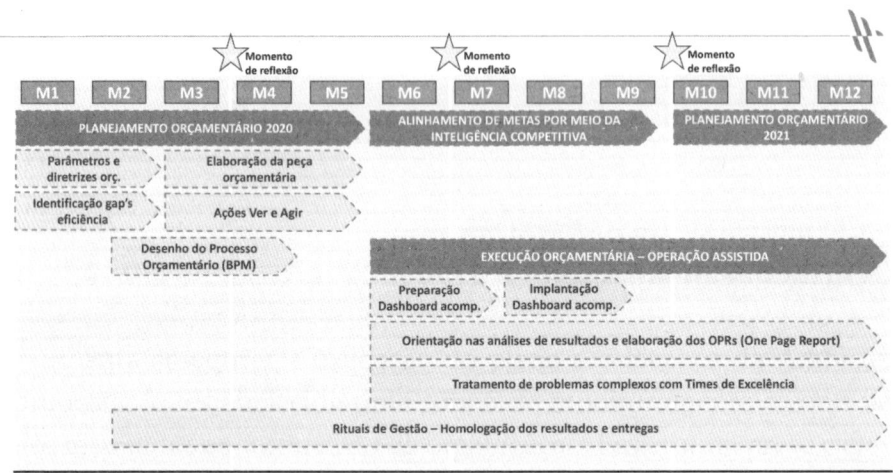

Figura 52: Plano de voo

5. QUALIDADE TÉCNICA | Nosso time é capaz?

Neste passo, foi necessário classificar o nível de maturidade de gestão da empresa em comparação aos padrões de Classe Mundial.

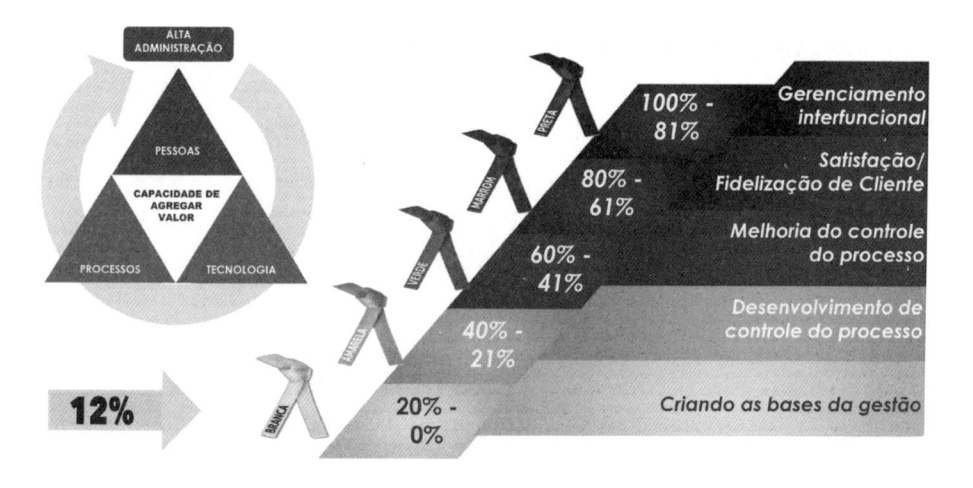

Figura 53: Diagnóstico da maturidade de gestão

Para garantir a entrega dos projetos desenvolvidos, a qualidade técnica da equipe envolvida é de fundamental importância. No caso tratado, foi identificada que a capacidade de agregar valor do cliente era de 12% (maturidade em gestão na Faixa Branca). Portanto, recomendou-se a qualificação dos gestores e demais profissionais envolvidos no projeto, e houve a definição dos treinamentos necessários para essa capacitação.

Figura 54: Capacitação e treinamento de 25 pessoas do cliente

6. DISCIPLINA | Qual será a disciplina necessária?

Para cumprir as etapas previstas, foram estruturados rituais de gestão frequentes. A finalidade dos rituais é acompanhar a execução e entregas do projeto, avaliar o ritmo de trabalho e realizar eventuais ajustes de rumo, evitando que as estratégias falhem devido a não implementação.

Figura 55: Ciclo de acompanhamento

7. RETORNO | Qual o retorno esperado e os impactos para os próximos anos?

A melhoria da gestão deve ser traduzida, necessariamente, em aumento de resultado para o cliente.

No 7º passo foi definido o retorno do investimento no projeto, que, no caso apresentado, é muito favorável, chegando a 7:1 (R$ 7,00 de retorno para cada R$ 1,00 investido no projeto) só no 1º ano. Se considerado em 3 anos, a taxa de retorno supera 20:1.

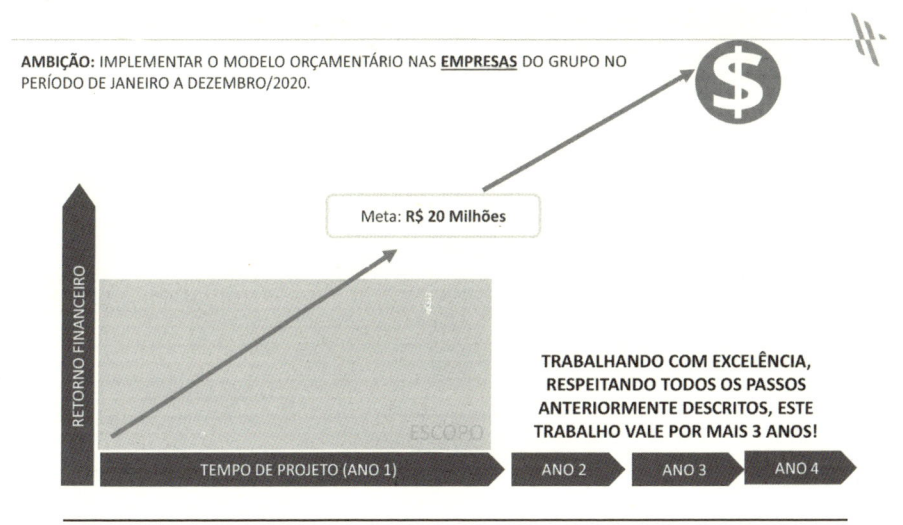

AMBIÇÃO: IMPLEMENTAR O MODELO ORÇAMENTÁRIO NAS **EMPRESAS** DO GRUPO NO PERÍODO DE JANEIRO A DEZEMBRO/2020.

Meta: R$ 20 Milhões

RETORNO FINANCEIRO

TEMPO DE PROJETO (ANO 1) | ANO 2 | ANO 3 | ANO 4

TRABALHANDO COM EXCELÊNCIA, RESPEITANDO TODOS OS PASSOS ANTERIORMENTE DESCRITOS, ESTE TRABALHO VALE POR MAIS 3 ANOS!

Figura 56: Retorno sob o investimento

Após a apuração dos resultados mensais, o árbitro deverá fazer a homologação, para assegurar a confiabilidade das informações.

8. TRANSPARÊNCIA | Como atender o Compliance e comunicar de forma adequada?

Para assegurar um relacionamento de transparência, de confiança e de longo prazo, está previsto no projeto o estabelecimento de comunicação eficaz e transparente dos resultados e ações desenvolvidas.

CONCLUSÃO

Nesta jornada, vimos como é possível alcançar a ambição de uma empresa. Cada passo demanda uma qualidade específica para se atingir uma gestão excelente. Precisamos dessas características para traçar e trilhar a rota em direção aos melhores resultados que um negócio pode gerar.

Com o sonho bem definido, é preciso que haja organização de deveres e responsabilidades, análise dos ambientes interno e externo, definição de entregas, avaliação da maturidade de gestão, disciplina com os rituais, monitoramento dos retornos e ações de transparência com todos os envolvidos.

Um planejamento realmente estratégico deve conciliar cada uma de suas metas e projetos estruturais aos objetivos do negócio. Estes podem ser interpretados como a tradução da ambição.

Esse é o caminho. É seguindo esses passos que observamos e comemoramos o sucesso de organizações no Brasil e no mundo sendo constantemente transformadas e entregando resultados excelentes.

Bom voo!

BIBLIOGRAFIA

BARROS, Erico. Análise financeira: enfoque empresarial. Belo Horizonte: Libretteria, 2016.

BOSSIDY, L., & CHARAN, R. Execução: a disciplina para atingir resultados. Rio de Janeiro: Elsevier, 2005.

Carrol, Lewis. Alice no país das maravilhas. Bibliomundi Serviços Digitais, 2019.

CATMULL, E., & WALLACE, A. Criatividade S/A: superando as forças invisíveis que ficam no caminho da verdadeira inspiração. Rio de janeiro: Rocco, 2014.

CHARAN, R., DROTTER, S., & NOEL, J. Pipeline de liderança. Rio de Janeiro: Sextante, 2018.

CHRISTENSEN, Clayton. O dilema da inovação: quando novas tecnologias levam empresas ao fracasso. São Paulo: M. Books do Brasil, 2012.

COVEY, Stephen. The seven habits of highly effective people: restoring the character ethics. New York: Simon and Schuster, 1989.

FIFER, Bob. Dobre seus lucros: como reduzir os custos, aumentar as vendas e melhorar drasticamente os resultados de sua empresa. Rio de Janeiro: Agir, 2012.

GALLWEY, W. Timothy. O jogo interior do tênis: o guia clássico para o lado mental da excelência no desempenho. São Paulo: Sportbook, 2016.

GODOY, R., & BESSAS, C. Formação de Gestores: criando as bases da gestão. Belo Horizonte: Libretteria, 2018.

HARRISON, J. S., FREEMAN, E. R., & ABREU, M. C. (2015). Stakeholder theory as an ethical approach to effective management: applying the theory to multiple contexts. Revista brasileira de gestão de negócios, vol. 17, n° 55, pp. 858-869.

HSIEH, Tony. Delivering Hapinness: a path to profits, passion and purpose. New York: Business Plus, 2010.

KAPLAN, R., & NORTON, D. The Execution Premium: linking strategy to operations for competitive advantage. Harvard Business Review Press, 2008.

KOTLER, P., & KELLER, K. Administração de Marketing. São Paulo: Pearson Prentice Hall, 2006.

LEINWAND, P., & MAINARDI, R. C. Strategy that works: How winning companies close the strategy-to-execution gap. Harvard Business Review Press, 2016.

MARQUES, José Roberto. Os 7 Níveis da Teoria do Processo Evolutivo. São Paulo: IBC, 2015.

NELSON, Tommy. O processo da pérola: identifique a melhor fase para a sua transformação. São Paulo: Saraiva, 2008.

STONE, Brad. A loja de tudo: Jeff Bezos e a era da Amazon. Rio de janeiro: Intrínseca, 2014.

THIEL, P., & MASTERS, B. (2014). De zero a um: o que aprender sobre empreendedorismo com o Vale do Silício. São Paulo: Objetiva, 2014.

Online

HOMKES, R., SULL, D., & SULL, C. (9 de março de 2015). Por que a execução da estratégia falha - e o que fazer a respeito. Site: Uol, 2015. Disponível em: https://hbrbr.uol.com.br/por-que-a-execucao-da-estrategia-falha-e-o-que-fazer-a-respeito. Acesso em: 15 de abril de 2019.

LIRA, Michael. O que é compliance e como o profissional da área deve atuar? Site: Jus Brasil, 2013. Disponível em: https://michaellira.jusbrasil.com.br/artigos/112396364/o-que-e-compliance-e-como-o-profissional-da-area-deve-atuar. Acesso em: 20 de julho de 2019.

PUBLICAÇÕES
AQUILA

Conheça os nossos livros na área de gestão produzidos pelas nossas referências técnicas.

COMO GERENCIAR E ENFRENTAR DESAFIOS

Tendo como pano de fundo a bela história de José do Egito, este livro inspira-nos a estudare entender o passado, o qual
sempre será referência, construir o presente e projetar o nosso futuro. Por meio de uma linguagem simples e envolvente, o leitor é convidado a fazer uma reflexão sobre como enfrentar e superar desafios e a não desistir diante das dificuldades.

Conheça e compre

FORMAÇÃO DE GESTORES | CRIANDO AS BASES DA GESTÃO

Entenda como desenvolver uma gestão focada em resultados

Conheça os conceitos de gestão com uma narrativa simples, fácil compreensão e exemplos práticos para cada passo do método.

Conheça e compre

ANÁLISE FINANCEIRA | ENFOQUE EMPRESARIAL

Uma abordagem prática para executivos não financeiros

Com abordagem prática para executivos não financeiros, este livro tem como objetivo trazer ao público não financista pontos relevantes para análise, ação e decisão com base nas finanças corporativas. Somente um controle efetivo dos resultados e uma forte gestão do caixa diminuirão as pressões financeiras a que uma empresa está sujeita.

Conheça e compre

O PODER DA EXCELÊNCIA COMERCIAL

Solução prática de como potencializar seus resultados

Conheça o que tem de melhor na construção de uma cultura comercial de sucesso.
Aprenda ferramentas táticas estruturadas para que a sua organização chegue a seu público alvo, maximizando o retorno dessas relações comerciais

Conheça e compre

BOX DA DEMANDA

Um modelo de gestão para antecipar e gerar mais valor para seu negócio

O Box da Demanda é um modelo de gestão que tem como objetivo antecipar o futuro e gerar mais valor para o seu negócio.
A metodologia tem como princípio uma caixa "BOX" que representa a empresa e a "DEMANDA" que é a capacidade de atração de clientes para o negócio.

Conheça e compre

CIDADES EXCELENTES

Gestão que transforma a realidade dos municípios brasileiros.

Conheça a metodologia que pode transformar a realidade do seu município. Esta obra reúne de maneira inédita o que há de mais moderno para a gestão pública municipal, após 20 anos de serviços em diversas cidades nacionais e internacionais. Aprenda os princípios do ciclo virtuoso de desenvolvimento humano por trás de qualquer cidade excelente e saiba como avaliar e aplicar empiricamente em seu município. Com leitura fácil, simples e que ira te surpreender na busca por melhores resultados.

Conheça e compre

OPERAÇÕES EFICIENTES EMPRESAS RENTÁVEIS

Melhorando os resultados financeiros por meio da Gestão de Operações

Descubra uma abordagem precisa, simples e prática para potencializar os resultados financeiros da sua organização. Este livro é um guia para executivos que pretendem desenvolver habilidades em Gestão de Operações, identificar indicadores estratégicos, reduzir custos e despesas, expandir a produção e aumentar a receita. A publicação aborda casos reais e traz conhecimentos para o leitor implantar melhorias em sua empresa com foco e assertividade, sem modismos.

Conheça e compre

ORGANIZAÇÕES ÚNICAS PRECISAM DE **SOLUÇÕES ÚNICAS**

Por isso, a Escola de Gestão Aquila oferece programas específicos, de acordo com a sua demanda.

TURMAS ABERTAS

Cursos realizados nas nossas sedes, em espaços exclusivos, que reúnem alta tecnologia e conforto, proporcionando, inclusive, o intercâmbio de informações à distância. As inscrições são realizadas conforme o nosso calendário anual.

CURSOS IN-COMPANY

As organizações que querem treinar sua equipe em soluções específicas também podem contar com o Aquila. Os cursos *in-company* são ministrados em qualquer lugar do mundo.

NÃO ENCONTROU O CURSO IDEAL?

O Aquila desenvolve um programa para você em quatro etapas:

1 - DIAGNÓSTICO
Identificamos a sua necessidade.

2 - CUSTOMIZAÇÃO
Selecionamos o conteúdo e a metodologia mais adequada.

3 - VALIDAÇÃO
Nos certificamos da relevância do conteúdo por meio de reuniões e turmas piloto.

4 - EXECUÇÃO
Realização do programa com *feedbacks* contínuos.

5 - CERTIFICAÇÃO
Certificados válidos no mercado.

8 PASSOS DA EXCELÊNCIA

Quer implementar o Programa dos 8 Passos da Excelência na sua organização?

Fale conosco, estamos à disposição para ajudá-los.

www.aquila.com.br

AQUILA
ESCOLA DE GESTÃO
2022

WWW.AQUILA.COM.BR